なるにはBOOKS
別巻

大人になる前に知る性のこと

他人を尊重し、自分を大切にする

加納尚美　鈴木琴子 編著

ぺりかん社

はじめに

思春期のみなさんにとって、この本のタイトル『大人になる前に知る 性のこと』は、なんとなく複雑な感情を起こさせる言葉ではないでしょうか。知りたいけれど、なんとなくはずかしい。でも友だちと真剣に話すこともできないし、ましてや親や大人に直接聞くこともためらわれてしまいますね。

実は、私たちの国では、性にかかわることは、どちらかというと自然に覚えていくことで積極的に教えることではないといわれていました。そのため、家庭や学校できちんと教えられるということはほとんどなかったのです。現在の大人でさえも性について習ったという記憶がある人はほとんどいないのですよ。大人になってからも「性のこと」を語るのは、なんとなくためらわれるのです。ですから、思春期のみなさんが、そんな気持ちをかかえている時に、きっとこの本が役に立つことと思います（もちろん性について知りたいという大人も読んでください）。最初から通して読む必要はありません。目次を見て、気になるところから読み始めてみていいですからね。

「性」に関することは、受験には関係しませんし、知らなくても生きていくことはできるでしょう。でも、「性」について知っておくことがみなさんの人生をより豊かなものにすると考えて、私たちは、この本をつくりました。だからこそどうぞ、この「性」をテーマにした本を堂々と読んでください。そして、この本から得られたことを、たくさんの人と話してみてください。また、姉妹本『大人になる前に知る 命のこと』も合わせて読んでいただければ、さらに良い人生のための知恵が得られると思います。

みなさんには、自分の心と体と性と生について、きちんと語ることのできる大人になってほしいと願っています。

著者を代表して　鈴木《すずき》琴子《ことこ》

大人になる前に知る　性のこと　他人を尊重し、自分を大切にする　目次

【3章】

性の悩み・不安

【4章】

もし心や体のSOSを感じたら

※本書に登場する方々の所属等は、執筆時のものです。

［装幀］図工室 ［カバーイラスト］北原明日香 ［本文イラスト］熊アート 小林由枝 ［本文写真］執筆者提供

「なるにはBOOKS別巻」を手に取ってくれたあなたへ

「なるにはＢＯＯＫＳ」は、働くことの魅力《みりょく》を伝えたくて、たくさんの職業について紹介《しょうかい》してきました。「別巻」では、社会に出る時に身につけておいてほしいこと、悩《なや》みを解決する手立てになりそうなことなどを、テーマごとに一冊の本としてまとめています。

読み終わった時、悩《なや》んでいたことへの解決策に、ふと気がつくかもしれません。世の中を少しだけ、違《ちが》った目で見られるようになるかもしれません。

本の中であなたが気になった言葉は、先生やまわりにいる大人たちがあなたに贈《おく》ってくれた言葉とは、また違《ちが》うものだったかもしれません。

この本は、中学生・高校生のみなさんに向けて書かれた本ですが、幅広《はばひろ》い世代の方々にも手に取ってほしいという思いを込《こ》めてつくっています。

どんな道へ進むかはあなたしだいです。「なるにはＢＯＯＫＳ」を読んで、その一歩を踏《ふ》み出してみてください。

1章

性って何?

性についてきちんと知ろう

卒業すれば大人という時期のあなたへ

身近になってくる「性」

中学校を卒業すると、さらに大人になったと感じることも多いのではないでしょうか。勉強の内容も高度になりますし、なかには校則が少しゆるめになって、中学の時よりも自由がきくようになってくる人もいるでしょう。アルバイトを経験する人などもいると思います。また、以前よりも他人に興味が出てくることもあり、好きな人とつきあい出す人もいることでしょう。この本のテーマである「性」ということを、だいぶ身近なこととして考えるようになる人もいるでしょう。

もちろん、まったく興味がないという人もいていいのです。ただし、興味がないから知らない、考えないとは決めつけないでください。「性」は、〝いやらしいこと〟ではなく、

〝命や人間が生きていくことにとてもかかわりの深い大切なこと〟だからです。

体の変化は不安に思ってあたりまえ

「性」を身近なこととして考えるようになると、いろいろな知識も増え、悩《なや》みも出てきますよね。自分の体で起きている月経や射精、セックス（性交）とはなんだろうなどと考えるのは、あたりまえのことです。体についての悩《なや》みは、女子は「月経に関すること」「胸やおしりの大きさ」、男子は「陰茎《いんけい》（ペニス）の大きさ、かたち」「マスターベーション（オナニーとも言う。日本語では自慰《じい》）」が多いようです。

だって、「思春期の体の変化」は、自分でははじめて体験することばかり。はじめてのことは誰《だれ》でも不安なのです。今、平気な顔をしている大人だって、みんな思春期の悩《なや》みに翻弄《ほんろう》されました。なんとか乗り越《こ》えてしまったから、涼《すず》しい顔をしているだけなのです。

それこそ、みなさんのおじいさんやおばあさんの時代には、性や月経、セックスのことについては、学校で習ったり、みんなで話し合うことなどなかったのですから、どうやって知識をもち、理解していたのか不思議です。大人たちから体験として伝え聞いていたのでしょう。また、みんなそうだからと納得し、がまんをしていたのかもしれません。もっと時代をさかのぼって原始時代に生きた人たちのことを考えると、現代のような科学的な説明ができない中で、どのようにして思春期の体の変化のことを理解し、対処していたのでしょう。今よりも不安や悩《なや》みは多かったことでしょうね。

たとえば出産については、戦前までは「棺桶《かんおけ》に片足をつっ込《こ》んですること」だったのです。病院や医療《いりょう》技術が現代ほど進歩していない時代でしたから、産婦も新生児も出産のために死ぬことがあると覚悟《かくご》しておきなさいという格言です。過去の世界では、女性はこんな思いをして、赤ちゃんを産んでいたということを知っておいてください。現在は、月経、射精、妊娠《にんしん》、出産など人体に起こるさまざまな仕組みや医学的な対処方法がわかっているのですから、私たちはいい時代に生まれたといえます。

月経の話

まず、女子に起こる現象として、月経の話をしましょう。標準的な月経周期を知っていますか？　平均28日周期で、25日から38日の周期で月経が来るのであれば、正常範囲《はんい》です。6日前後のずれはだいじょうぶですよ。それから、一回の月経の日数は、3〜7日が正常です。月経周期が24日以内で短い場合（一カ月に2回来る場合が多い）や39日以上のあまりにも長い場合、一回の月経日数（期間）が、2日以下と極端《きょくたん》に短い場合や10日以上など長い場合は、保護者や保健室の先生に相談してください。必要に応じて病院を受診《じゅしん》するこ

図表1　月経のある女性の困りごとの例

身体的症状	精神的症状
下腹部が張る	怒りやすい、反感、闘争的
下腹痛	憂鬱
頭痛	緊張
乳房痛、乳房が張る	判断力低下、不決断
腰痛	無気力
関節痛	孤独感
むくみ、体重増加、脚が重い	疲れやすい
にきび	不眠
めまい	パニック
食欲が高まる	妄想症
便秘あるいは下痢	集中力低下、気力が集中できない
悪心、動悸	涙もろい

とになるかもと頭に入れておいてください。

月経のある女性のいちばんの困りごとは、月経にともなう症状《しょうじょう》ですね。図表1のような不快な症状《しょうじょう》が生じることがあります。お腹や頭が痛いという身体的な症状《しょうじょう》、イライラ、ウツウツするなどの精神的症状《しょうじょう》などがあります。

月経にともなう不快な症状《しょうじょう》とは、月経前に起こる月経前症候群《しょうこうぐん》（PMS）と月経中に起こる月経困難症《こんなんしょう》です。最近では、PMSの重症《じゅうしょう》型とされる不快な精神症状《しょうじょう》を特徴《とくちょう》とする月経前不快気分障害（PMDD）も言われるようになりました（くわしくは96ページを参照）。こうした症状《しょうじょう》が起こるはっきりした理由はまだよくわかっていないのですが、ホルモンの影響《えいきょう》と言われています。必要以上にがまんすることはありません。自分に合った対処方法をきちんと知ること、これも大人への第一歩だと言えます。

そして、もうひとつ理解してほしいのは、この一連の月経にともなう不快な症状《しょうじょう》は、月経のある女性全員が感じるわけではないということ。まったく感じない人もいるのです。「生理でお腹が痛いなんてことがあるの?」という人も。反対に重《じゅう》症《しょう》な人は、学校や会社に行くなんて無理というほどの、転げ回るようなお腹の痛みを感じるのです。月経血の量も個人差があります。女性同士でもまったく異なるイメージをもつのが月経なのです。

だから、この項目《こうもく》を読んでいる男子のみなさんは、わからないからといって悩《なや》まなくていいのです。女性同士でもわかり合えないことがあるのですからね。そうなると想像するしかありません。自分だったらとか、自分の家族だったらとか、身近な人を例に考えて思いやるしかないのです。女

性でも月経について感じ方が違《ちが》うということを知っておいてください。

男子の悩《なや》み、陰茎《いんけい》の話

つぎは男子の悩《なや》みである陰茎《いんけい》（ペニス）のことです。陰茎《いんけい》については、よく「大きさ」が問題になりますが、セックス（性交。勃《ぼっ》起《き》した男性器〈陰茎《いんけい》〉を女性器〈膣《ちつ》〉に挿入《そうにゅう》する行為《こうい》を指す）をするためには、勃《ぼっ》起《き》して7センチメートルあれば問題ないということを知っておいてください。大きいからいいということはありません。また、包茎《ほうけい》（陰茎《いんけい》の先《せん》端《たん》が包皮で覆《おお》われた状態）を心配する人もいますが、勃《ぼっ》起《き》した時に亀頭《きとう》が露出《ろしゅつ》していればだいじょうぶということも、ここにお伝えしておきます。雑誌などの広告によっては、包《ほう》茎《けい》手術を勧《すす》めるような記事が載《の》っていますが、惑《まど》わされないように注意しましょう。国民《こくみん》生活《せいかつ》センターにも不適切な包茎《ほうけい》手術による相談が多く寄せられているぐらいです。心配な場合は、信頼《しんらい》できる医療《いりょう》機関（包茎《ほうけい》の場合は泌尿器《ひにょうき》科）で相談することをお勧めします。

また、男子のマスターベーション（オナニー、自慰《じい》ともいう）についても不安が多いようです。思春期になると男子は女子に比べて、性に対して活発に反応します。中・高生になると、マスターベーションを経験する人も多いでしょう。自分の性的な感覚を知るためにも必要なことと言えます。マナーとして、プライベートゾーンでもあるので、マスターベーションしているところを故意に他人に見せたり見せられたりしないこと。下着が汚れた時には、自分で下洗い（洗濯機《せんたくき》に入れる前に軽く汚れを取るために手で洗うこと、予洗）をしましょう。

ただし、思春期のみなさんが不安に思うのは、「マスターベーションしすぎると○○になる」という、真《まこと》しやかなうわさでしょう。○○にはいろいろな言葉や文章が入るようです。身長が伸《の》びなくなる、頭が悪くなるというのは、昔《むかし》からありました。「ガンになる」「死ぬ（テクノブレイクとも言われる）」などもあります。冷静に、科学的根《こん》拠《きょ》に基づいて考えれば、これらは全部うそだとわかりますよね。たぶん、性のことに集中しすぎないよう中学生・高校生の本分である勉学にはげみなさいというための方便なのかもしれません。

注意してほしいことは、マスターベーションの

時に過剰《かじょう》な刺激《しげき》を陰茎《いんけい》に加えないということです。気持ちよさを優先するあまり、強い力で陰茎《いんけい》を刺激《しげき》したり、ものを使って陰茎《いんけい》を叩《たた》いたり、床《ゆか》にこすりつけたりするのはやめましょう。射精障害の原因ともなることがあるからです。自分の体ですから、大切にしましょう。そして、男子も不安があったら誰《だれ》かに相談していいことも覚えておいてください。

性についてきちんと語れるように

このような思春期にともなう変化や性についての知識は、興味がある・ないにかかわらず大人になる前に知っておいてほしいと思っています。なぜなら、あなたがこれから生きていく中で、かかわりをもつ大切な知識だからです。さらに、あなたが将来、親になり子育てをする時に、親にはならなくても、大人として、小さな子どもたちにかかわった時に、きちんと性について話せるように、今のうちから準備をしておくべきことだからです。

性とは、「心をもって生きること」(『大人になる前に知る 命のこと』107ページ)なのですね。性について理解していくことは、あなたの人生を支え、つぎの世代に対して責任ある行動をすることに繋《つな》がります。ぜひ、性のことをきちんと語ることのできる大人になってください。

(東京学芸大学《とうきょうがくげいだいがく》 鈴木琴子《すずきことこ》)

命の授業 1 セックスや恋愛の正しい知識

いろいろな情報やうわさのある「性」高校生として正しい知識を得る

高校生

高校生に向けた「命の授業」

高校生になるともう体の変化はほぼ終了《しゅうりょう》し、中学の時よりは「性・セックス」や「恋愛《れんあい》」などについても知っていることが多くなりますね。保健の授業でも、「生涯《しょうがい》を通じる健康」という単元で、性行動や家族計画といった具体的な内容が扱《あつか》われるようになります。しかし、セックスや恋愛《れんあい》についてはあまり書いていないため、ネットなどの情報をうのみにしている人もたくさんいるようです。

筆者は、いくつもの学校で「命の授業」を行っていますが、高校生に向けた授業では、卒業すれば大人という時期になってくることもあり、セックスや避妊《ひにん》、人工妊娠中絶《じんこうにんしんちゅうぜつ》などの話もします。

ネットをうのみにせず正しい情報を得る

「授業に入る前にクイズを出します。つぎのうち正しいものはどれでしょう。

1．安全日にセックスすれば妊娠《にんしん》しない。

2．高校生のうちはセックスをしても妊娠《にんしん》しない。

3．オナニーしすぎるとガンになる。

4．はじめてのセックスでは性感染症《せいかんせんしょう》にはならない。

5．セックスの仕方はAV（アダルトビデオ）を見ればわかる。

別に試験じゃないし、手をあげてもらうこともしないから、自分の中で考えてみて」

「えーっ、どれだろう？」「わからない！」などといろいろな声が聞こえます。

「では、答えを言います。全部×《バツ》です！」

「え～っ？」や「全部違《ちが》うの⁉」なんて声がちらほら聞こえてきます。「やっぱり、そうだよね」という反応もあります。

「これは、みなさんの質問からつくってみたクイズです。正解した人、正解できなかった人、それについてここで取り上げたいわけではありません。〝性〟や〝セックス〟には、いろいろなうわさ話があるということをわかっていてほしいのです。

広く伝わっているこうしたうわさは昔《むかし》からたくさんあって、たとえば、男性が射精やマスターベーションの時に赤い玉が出るとそれで終わり、もう射精しなくなるなどということが言われていました。もちろん、まったくのうそですが、でも若い時にはそれを信じていましたよね、先生？」と後ろで聞いている少し年配の男の先生に話をふると、「そうですね」と笑いながらうなずいてくれました。

「だから、今日は、高校生として〝性〟について知っておいてほしいことを話しに来ました。みなさんはどんなイメージをもっていますか？」

〝性〟ってなんだろう？

「性という漢字を調べると、辞書にもよりますが、『生まれつきもっているもの、こと』と書かれています。アルカリ性や流行性などといった言葉にも使いますね。また、ドイツ語やフランス語などのヨーロッパの言葉では、名詞にも女性・男性という性の区別があるんですよ。ドイツ語には中性名詞というのもあります」

聞いているみなさんは、イメージしていた性教育と違《ちが》うので、なんとなく「えっ？」というような顔をしています。

「ほかには、男女の別、そして、たぶんみなさんが知りたいはずの『性交・セックス』のことも表しています」

そこで質問をします。

「性という漢字には『男女の別』という意味があるけれど、なぜ男女に分かれているのでしょう？」

さすがは高校生、すぐに「子どもをつくるため」と誰《だれ》かが答えを言ってくれます。

「そう、いわゆる生殖《せいしょく》のために必要なんだよね。さすが、ちゃんとわかっている。つまり新しい遺伝子を残すこと、つぎの世代を産み出す方法としてセックスという方法があるんですね。ちなみに動物の場合は『交尾』と言うんだよね」

なぜ、授業の最初にこうした話をしている

のかというと、性という漢字にいろいろな意味があるように「性」は、いろいろな要素をかかえていることを知ってほしいからなのです（図表2）。

「性という言葉からは、セックスという行為《こうい》そのものとか、なんとなく口にするのは避《さ》けたほうがいいというイメージがあると思います」

ある男子が「あまり、『セックス』って直接、言わないかも」と小さい声で言ってくれました。

「そうだよね。セックスすることをよく『エッチする』って言い方もします。性のことって隠《かく》していう言い方、隠語《いんご》で話すことが多いのです。エッチって『変態（Hentai）』のHが語源という話もありますが、はっきり言うのがはずかしいから、隠《かく》して言いたくて始ま

図表2 ▶ 性がかかえるもの

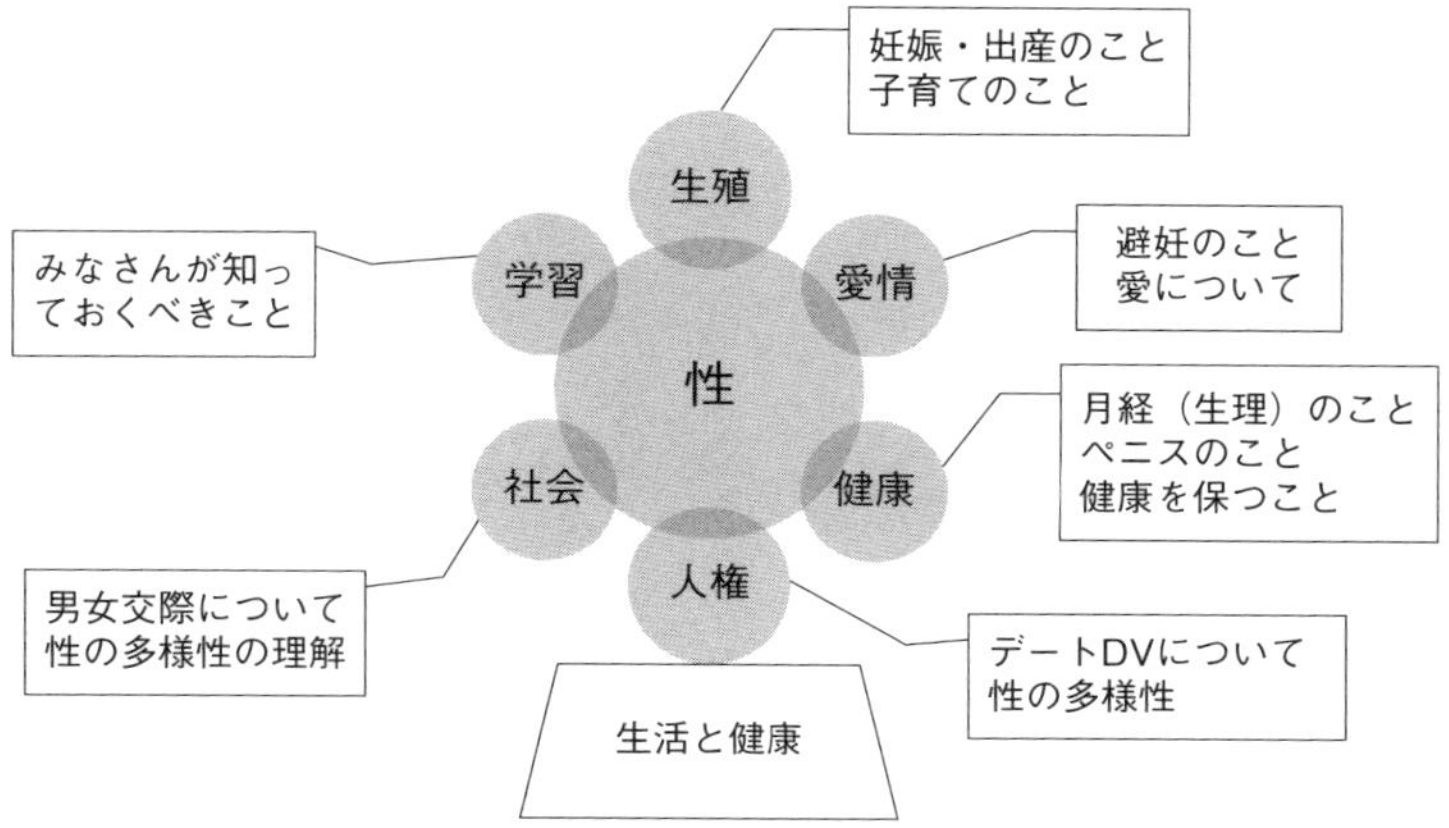

ったといわれています」

ほかにも、「H」については、テレビなどでタレントが使い始めて広まったなど、諸説あるようです。

「セックスって行為《こうい》はエッチなことを連想させるけれども、それだけではなく、愛情や健康、人権などとも繋《つな》がります。いろいろなものをかかえているのが、『性』なんですね。たとえば、先程も言いましたが、つぎの世代をつくり出す方法としてセックスをする、これはまさに生殖《せいしょく》としての性ですね。そして、そこでは愛情をともなった性を考えてほしい。ここで言う愛情は、相手のことを自分のこととして考えられるということですよね。だから、エッチしたいから誰《だれ》でもいい？　いつでもいい？」

前のほうにいた男子がイヤだと左右に首をふっています。

「そうだよね。だから、セックスをするなとは言いませんが、大人として責任をもてるようになるまでは、まだセックスはしない、という選択肢《せんたくし》があることを、覚えておいてください。とはいえ、みなさんの年齢《ねんれい》から考えると、早い人であれば5年以内には、つぎの世代を産み育てることを経験する人もいるでしょう。ですから、もう身近なことなんですね」

もう間もなく経験することだからこそ、月経*の仕組み、出産*の仕組みについても理解をしてください、とお話しします。そして、妊娠《にんしん》したら（赤ちゃんが子宮の中に宿ったら）、きちんと病院（産科）を受診《じゅしん》すること、出産・子育てにかかるお金のこと、どうしても妊娠《にんしん》が継続《けいぞく》できない時にはどうすればいいか

＊月経や出産の仕組みについては『大人になる前に知る　命のこと』40ページ～、61ページ参照。

（人工妊娠中絶《じんこうにんしんちゅうぜつ》という方法が、日本では条件つきで認められています）、妊娠《にんしん》しないようにするにはどうすればよいか（避《ひ》妊《にん》法のいろいろ）などを具体的に知っておくことが重要です（32ページもあわせて参照）。そして、生殖《せいしょく》と愛情の性を支えるためには「健康」を管理することが必要になります。

自分の体に責任をもつ

「高校生の時期は、思春期に変化した体を上手に管理すること、たとえば女子、月経はちゃんと来ていますか？　毎月、面倒《めんどう》くさいと感じる時もあるよね。でも、月経は毎月ちゃんと来ることが大切なんです。というのは、体の中でホルモンや臓器がきちんとリズムよく活動している、つまり健康であることの証しでもあるのです。ですから、高校生になってまだ一回も来ていない人や月経の周期が安定しない人がいたら、保健室の先生や信頼《しんらい》できる大人に相談してね。思春期のうちに、きちんと大人としての体を整えていきましょう。

　男子も同じことが言えますよ。射精が起きるということは、健康なことと言えます。たとえば、マスターベーションをすることは、自分の性的な欲求をコントロールするためには大切なことです。しすぎると病気になるとか、頭が悪くなるということはないので安心してください。ただ、過剰《かじょう》な力でペニスを刺《し》激《げき》するといったことはしないようにしてね」（16ページも参照）。

　さまざまな顔をもつ「性」。きちんと理解して、自分の体や性について自信をもった大人になってほしいと思います。

彼氏彼女の関係が始まることで起こるトラブル

高校生

相手との関係がおかしいな、と思ったら

高校生になると、彼氏彼女《かれしかのじょ》の関係としておつきあいを始める人もいるかもしれません。はじめての交際では、なんとなく相手の求めに応じて、疑問をもっても、そのまま断らずに関係を続けるということも起こりがちですね。

事例として、「こんな場面を見てどう思いますか？」と、26ページのイラストを紹介《しょうかい》します。高校生ぐらいの男子と女子が話をしているイラストです。

「えーっ、こんなことってあるの？」なんて驚《おどろ》く子や、「変だよ」なんて笑っている子もいます。

「そう、客観的に見ると変だなーと思うよね。

でも、自分が当事者になり、つきあう過程でこういう事態が起こりうるのです。これをデートDVと呼んでいます。DV（ドメスティック・バイオレンス）って、主に配偶者《はいぐうしゃ》（婚《こん》姻《いん》関係にある相手方のこと）のあいだでの暴力をいうのですが、彼氏《かれし》彼女《かのじょ》のあいだでも暴力がある場合にこの言葉を使います。

　暴力っていうと、殴《なぐ》る蹴《け》るという体への暴力をイメージするけれど、ほかにひどい言葉や態度を取る心理的精神的な暴力、経済的暴力、そして性的暴力などがあります（くわしくは144ページを参照）。ここでいう暴力は、『力によって相手を押《お》さえてつけて支配すること』です」

　直接、体に与《あた》える場合以外にも、このような暴力があることを説明すると、みんな言葉少なになり、真剣《しんけん》なまなざしをイラストに向けます。

　さらに、「プライベートゾーンという概念《がいねん》を知っていますか？」と問いかけます。水着で隠《かく》れる場所、として覚えるとわかりやすいですね。性器も含《ふく》めて、強制されて見せたり、見せられたりする必要のない場所、大切な場所です。この場所は他人が勝手にふれてはいけないところなのです。

　性器もプライベートゾーンですから、セックスをするということは他人のプライベートゾーンと密接にかかわりをもつということです。ですから、セックスを暴力として行うことは、人権を踏《ふ》みにじる要素も含《ふく》んでいるのです。

「また、暴力というと怖《こわ》い顔で脅《おど》すというイメージがありますが、外面や表情は優しく見える暴力もあります。独りよがりな思いだけ

〈事例1〉

〈事例2〉

作画：中村ミリュウ

が先行すること、表面だけの愛情を語ることなどもありうるのです。だから、相手との関係性が対等ではなく、支配的に感じたりすることがあれば、立ち止まって考えてください」

「でも、イヤってなかなか言えないよね」と、となりの子と話している子もいます。

「イヤってなかなか言えない。わかります。相手を全部否定するような気がして、遠慮《えんりょ》してしまうよね。でも、そこで立ち止まってぜひ考えてみてください。相手がイヤなのではなく、相手が求めてくる行為《こうい》がイヤなのです。あなたがイヤではなく、私はそういうことをするのがイヤなの、と具体的に話してみてはどうでしょう」

そう伝え、さらに話を続けます。

「今はいろいろなところに相談することがで

きます（付録3を参照）。自分の心と体のことですから大切にしてね。彼氏《かれし》彼女《かのじょ》との関係について、友だちにも困っている子がいたら、声をかけてみてください」

こんなふうに授業を進めていくと、みんなは、性って、エッチとかいやらしいものではなく、いろいろなことをかかえているものなのだとわかってきます。

そして、もうひとつだけ伝えておきます。男性と女性のあいだの平等についてです。

「学校で勉強することや社会で働くことについては、男女の能力の差はないと言えます。ただし、性については、男女平等にはならないことがあります。というのは、妊娠《にんしん》、出産、人工妊娠中絶《じんこうにんしんちゅうぜつ》はすべて女性が引き受けるからです。つまり、セックスをするということは、女性のほうが背負うものが大きいのです。

女子は、このことをしっかり覚えておいてください。

男子に言います。今、あなたの好きな相手にそういう重たいものを背負わせたいと思うかどうか、それから、将来、もし、相手の女性が妊娠《にんしん》したという時に、あなた自身がそのことに親身に寄り添《そ》うことができるかどうか、これを考えておいてね。そのため、思春期のみなさんには、性・セックスを興味本位に考えたり、行ったりしてほしくないのです」

さらに、多様な性について知っておくことも大人への第一歩になります。

「最後に、みなさんに伝えたい『性』ですが、それは、『学習する性』です。性がかかえているものを知ることは、そのまま〝生きること、命のこと〟を知ることでもあるのです。今日の話は、知らなくても生きることはでき

＊社会とかかわる多様な性については『大人になる前に知る 命のこと』128ページ参照。

ます。でも知らないよりは、あなたの人生を豊かにしてくれる、よりよく生きるための方法であり、使っていくべき技術として考えてもらいたいのです」

筆者は、性の授業を大学でも教えていますので、大学生ともこうした話をする機会があります。授業の終わりには、「出産のこと、仕事と健康のことは、卒業すればまさに身近に起こること。高校生の時よりも大学1年生の今のほうが、リアルに考えることができました」という感想が多く寄せられます。

命や性について学ぶことには、終わりがありません。思春期のみなさんにとっては、まだまだ先のことですが、年をとれば、その年ならではの性をリアルに感じることになります。性について考えることはそのときどきで自分の人生を考えることに繫《つな》がっていきます。

40代や50代では、性の健康がだんだんと衰《おとろ》えていく「更年期《こうねんき》」のこと、60代や70代になれば、衰《おとろ》えて思うように動かなくなる体のこと、さらに身近になる〝死〟のことを考えざるをえません。人間である以上、〝性〟について思いをめぐらし、〝命〟のことを学び続ける必要があるのではないでしょうか。

＊**更年期**　40代から50代で性ホルモンの減少やバランスが悪くなることから起こる体の不調をさす。従来は、女性の閉経（月経が終わること）にともなって起こる特有の症状とされていたが、現在では男性にも起こることがわかっている。

命の授業 3 妊娠をさまたげる方法

性にかかわる責任を考え、知識を蓄える

高校3年生・大学生

将来のことを考える

思春期の最初のころに起こる体や心の変化は、思春期後半になると、そのスピードも落ち着いていきます。思春期が終了《しゅうりょう》すると、体は大人としての成熟期、いわゆる成人期というライフステージに入っていくのです。

「命の授業3・4」では大学生の男女に対して行っている授業のなかからいくつかを紹介《しょうかい》します。同じ18歳《さい》くらい、ということで高校3年生あたりからもぜひ知っておいてほしい内容です。

成人期とは、20代から50代までの長い時期のこと。大学生は、まさにこの入り口に立つ年頃《としごろ》です。この期間には、就職や結婚《けっこん》、妊《にん》娠《しん》・出産など多くのライフイベントがありま

す。さらに、仕事を続けていく過程では、部下を指導する立場としての責任や、子どもができれば親としての責任も発生します。性についての学びは、思春期で終わるわけではありません。それぞれのライフステージに応じて、一生学んで考えていく必要があるのです。

この授業では、「大人として社会で生きていくため、性に関することも責任をもって対応できるように知識を身につけておきましょう」と声を大にして伝えています。

昔《むかし》と現代でのセックスの目的の違《ちが》い

「〝セックスって何のためにあるの？〟という問いはすでに話しましたね。ご存じの通り、つぎの世代を産み出す〝生殖《せいしょく》〟ですね。もうひとつつけ加えると〝財産や家系などを受け継《つ》ぐ〟という目的もあります。歴史的に見ると、この〝受け継《つ》ぐ〟ということがとても重要視されていました」

過去に生きた人たちの性のとらえ方は、現代に生きる私たちのとらえ方とかなり違《ちが》っていました。高校の授業で習ったかもしれませんが、江戸時代の大名は、その家を継《つ》ぐ子がいないと家を取りつぶされるということもありました。つまり、子どもができない、「不《ふ》妊《にん》」という事態は、大問題とされたのです（54ページを参照）。

さらに、不妊《ふにん》の原因は女性側だけにあるとされ「嫁《か》して三年、子なきは去る」と言われて正当な離婚《りこん》の理由となりました。また、ひどい表現ですが、不妊《ふにん》の女性は、「石女《うまずめ》」と呼ばれることもありました。

「つまり、過去においては生殖《せいしょく》・セックスの目的は、個人の愛情よりも家の存続が重要視

図表3 不妊の原因として考えられること

1．内分泌・卵巣因子：内分泌異常、排卵障害、卵巣機能不全など
2．卵管因子：卵管通過障害、癒着、子宮内膜症など
3．子宮因子：子宮筋腫、子宮の先天的な形態異常など
4．頸管因子：頸管粘液の異常（通過障害、分泌不全）、感染症など
5．免疫因子：抗精子抗体（精子を異物と認識して免疫で攻撃する状態）など
6．男性因子：精子形態の異常、造精機能障害など
7．原因不明

されることもあったのです。そして、不妊《ふにん》に関して、女性に多くの負担を強いる時代もあったことを知っておいてください。現代では、不妊《ふにん》の原因は、女性側・男性側の両方にあるとわかっています」

妊娠《にんしん》・出産にかかわることも大切なことですが、大人になる前に不妊《ふにん》という現実があることも知っておいてほしいのです。

「まず不妊《ふにん》の定義ですが、日本産科婦人科学《にほんさんかふじんかがっ》会《かい》では『妊娠《にんしん》を望む健康な男女が避妊《ひにん》をしないで性交をしているにもかかわらず、一定期間妊娠《にんしん》しない場合』をいいます。現在では、一般的《いっぱんてき》にこの期間は1年間と言われています」

さらに、不妊《ふにん》の原因についての資料（図表3）を見せると教室が少しざわつきます。

「こんなにたくさんの原因があることに驚《おどろ》く

でしょう。ホルモンが原因、卵管が原因、精子そのものが原因など、不妊《ふにん》といってもいろいろあるのです。そして、みなさんのなかの何人かはあと10年もすれば、実際に妊娠《にんしん》・出産というライフイベントを経験することとなりますね。おどかすわけではないのですが、子どもが欲しいけれども授からないということもありうると知っておいてください」

このあとに続けて、妊娠《にんしん》をさまたげる方法について説明をしていきます。

妊娠《にんしん》をさまたげるいくつかの方法

「生殖《せいしょく》を目的としないセックスがあることを、大学生のみなさんはすでにわかっていると思います。人間が豊かな感情をもつことから派生する行為《こうい》といえるでしょう。ふれあいの心地よさや楽しみを感じる方法としての行為《こうい》、快楽の行為《こうい》と言えます。しかし、考えなければならないのは、セックスが生殖《せいしょく》のための行《こう》為《い》でもある以上、妊娠《にんしん》することがあるということです。ですから、生殖《せいしょく》を目的としないセックスをする場合には、望まない妊娠《にんしん》を避《さ》ける方法を知っておかなければなりません」

この話題になると、男女関係なく、真剣《しんけん》な表情で聞いてくれます。

「望まない妊娠《にんしん》を避《さ》けることを『避妊《ひにん》』というのではないのです。まず『家族計画』*といって、すべての子どもは待ち望まれた子という考えのもと、子どもの数や出産の間隔《かんかく》を調節するのです。方法としては『受胎《じゅたい》調節』の実践《じっせん》です。受胎《じゅたい》調節には、子どもを望まない時には避妊《ひにん》法により妊娠《にんしん》を防ぐこと、妊娠《にんしん》を希望する時にはしやすい時期を選ぶことや、不妊《ふにん》のさいに治療《ちりょう》をするといったことがあげ

*家族計画については、日本産科婦人科学会監修の冊子「HUMAN＋」も参照。同学会のホームページ http://www.jsog.or.jp/modules/humanplus/index.php?content_id=１で閲覧可能。

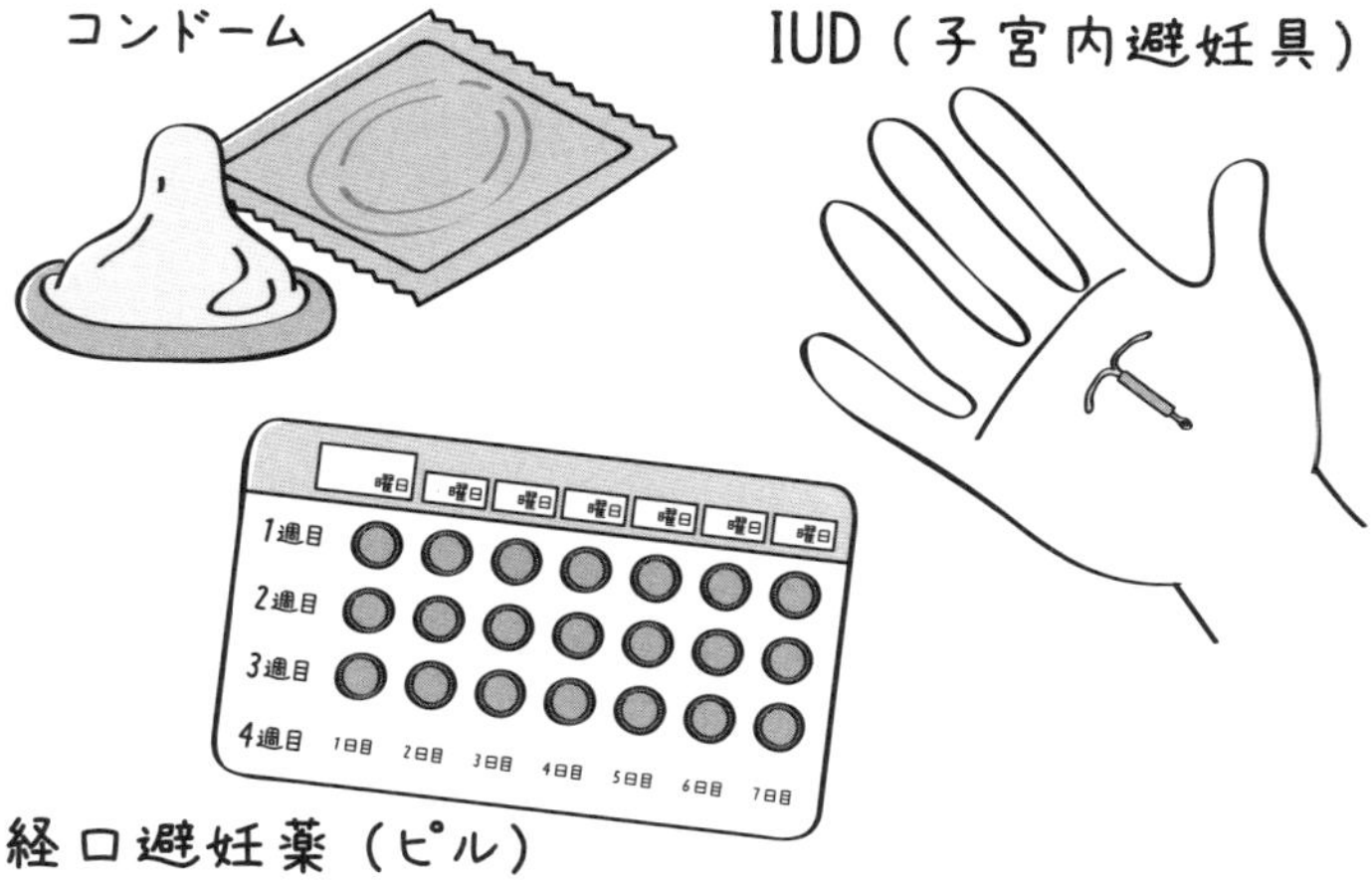

られます」
妊娠《にんしん》を望まない時の対応として、「避妊《ひにん》」はひとつの手段となり、いくつかの方法を選《せん》択《たく》する必要性について話します。
　この話をした後に、ある学生が「すべての子どもは待ち望まれた子という考えがほんとうに大切なこととわかりました」という感想を言ってくれました。
「避妊《ひにん》については、高校の時に習った保健の教科書にある通り、いろいろな方法がありますね。コンドームや経口避妊薬《ひにんやく》（ピル）、IUD（子宮内避妊具《ひにんぐ》）などがあります。ここでは、コンドームとピルについて話します」

コンドームの注意点と使い方

　コンドームはよく知られている避妊具《ひにんぐ》ですが、正しい使用方法を知らない人も多いのが現状です。

「日本《にほん》では一般的《いっぱんてき》な手段として約8割の人がコンドームを選んでいます。ドラッグストアなどで手軽に手に入り、安価だということ、使用方法も難しくないという長所があります。また、性感染症《せいかんせんしょう》の予防もできる避妊具《ひにんぐ》です。半面、使い方を間違《まちが》うと、避妊《ひにん》効果が落ちてしまいます。

たとえばセックス中に破れるとか、はずれてしまうとかすると避妊《ひにん》効果が落ちてしまいます。だから、コンドームの使い方はしっかり覚えておいてください」

と、ここで教材として、実物を一人にひとつ配ります。ちょっとした歓声《かんせい》があがります。興味深そうに眺《なが》める人、ビックリした表情で受け取る人、さまざまです。先生ありがとう！　なんて言ってくれる人もいます。


「これは、セックスをしなさいという意味ではありません。教材として渡《わた》していますよ！なぜなら、コンドームを使ったことがある人もない人も、実物そのものをしっかりと見ることってなかなかないですよね。セックスには興味ないし、一生使わないと考えている人も、どういうものかきちんと知っておくことが大事。あなた自身は使わなくても、もしかすると年下の子たちに教える機会があるかもしれない。その時に知らないと逃《に》げてしまうのは、大人としてすまされないことですよ」

デモンストレーションとして、コンドームの個包装《こほうそう》の外袋《そとぶくろ》を開けて、中身を見せます。

「この外袋《そとぶくろ》を開ける時も注意してね。コンドームを端《はし》に寄せて、外袋《そとぶくろ》の端《はし》をていねいに切ってください。切れ端《はし》でコンドームを傷つけないことが大切！　つけ方は、渡《わた》したコンドームの外袋《そとぶくろ》の裏にくわしく書いてあるので読んでね。

注意することは、裏表を間違《まちが》えないこと、コンドームの先端《せんたん》の精子が溜《た》まる部分に空気が入らないようにしてペニスにつけること、ペニスに沿わせて根元までしっかり被《かぶ》せてね。この時にも爪《つめ》で傷つけないように。そして、

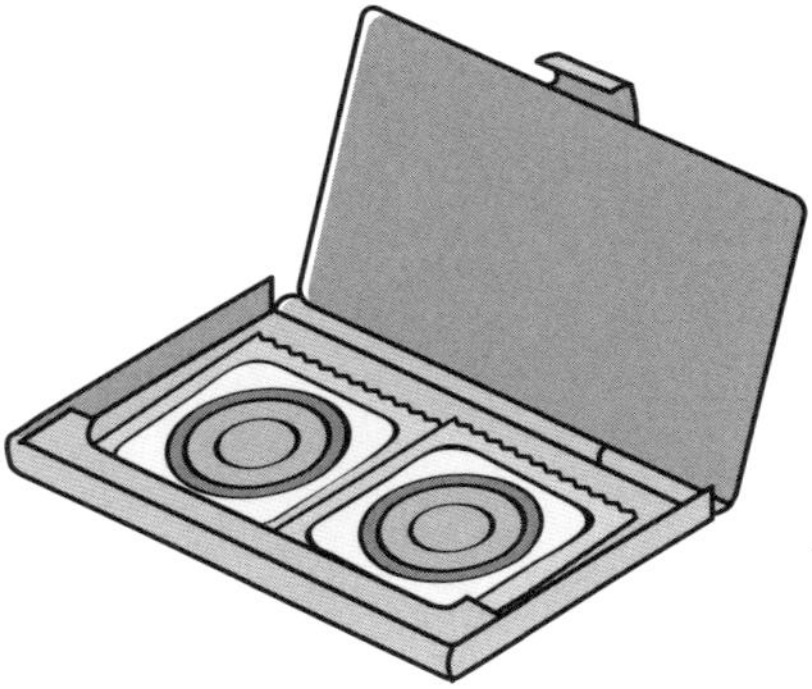

ペニスを膣《ちつ》に挿入《そうにゅう》する前につけることも大事ですよ」

そして、自分に合ったコンドームを選ぶことも話します。

「もうひとつ知っておいてほしいのは、コンドームのサイズです。販売《はんばい》会社によって変わりますが、SやLといったサイズがあります。自分のペニスに合ったサイズをつけないと破損や脱落《だつらく》につながるので注意してください。ペニスは大きいほうがいいといううわさがありますが、大きさよりもちゃんとしたサイズのコンドームをつけてセックスするほうが大事ね」

さらに大切なこととして、持ち運ぶ時の注意点を話します。

「よく、財布の中にコンドームを入れている人がいますね。それは、実際には使わないで

ください。劣化《れっか》していることがあるからです。コンドームを持ち運ぶ時には、小さめのケースに入れるといいでしょう。私のお勧めはアルミの名刺《めいし》入れです。たいていのコンドームなら2個入ります。それから、使用期限もあるので、ちゃんと確認をしてから使ってください」

渡《わた》したコンドームを、帰ってから彼氏《かれし》や彼女《かのじょ》、また兄弟姉妹といっしょに開けてみたという学生がいました。避妊《ひにん》のことを、大切な行為《こうい》という視点で見てくれていると感じてとてもうれしくなりますね。

服用する避妊薬《ひにんやく》、ピル

続いて、ピルについて話します。

日本語では経口避妊薬《ひにんやく》、OC（英語のOral Contraceptives の略）とも言います。

ピルは、2種類の女性ホルモンが含《ふく》まれていて、毎日決まった時間に服用することで妊娠《にんしん》を防ぎます。避妊《ひにん》効果は、きちんと服用すればほぼ確実で、女性が主体的に使えることが長所です。ただし、医師の処方箋《しょほうせん》が必要、つまり病院での受診《じゅしん》をしなければなりません。

「ピルは、ドラッグストアなどで買うことはできません。人によっては、飲み始めた時に吐《は》き気や頭痛、不正出血などの症状《しょうじょう》がでることがありますが、数カ月で収まることが多いようです。*血栓症《けっせんしょう》になりやすいというデメリットがありますが、だからこそ医師による処方が必要なのですね」

また、ピルは月経困難症《こんなんしょう》や子宮内膜症《ないまくしょう》の治療薬《ちりょうやく》としても使われます。このことについてちょっと覚えておいてほしいことがあります。

＊**血栓症**　血液が血管の中で血の固まりを作ってしまう状態。固まりが大きくなると足のひどいむくみや激しい頭痛、胸痛、腹痛、けいれん、意識障害などを起こすことがある。ピルを服用中にこのような症状が現れたら、すぐに医療機関に受診を。

「ピルは、月経にともなうトラブル、月経不順や月経困難症《こんなんしょう》の治療《ちりょう》にも使われます。当初、1960年代に日本でピルが使われ始めた時には避妊《ひにん》のためという理由が大半でした。そのため、みなさんの親の世代は、若い人がピルを服用することに対してあまりよい印象をもっていないことも多く、みなさんが治療《ちりょう》薬《やく》として使うのにも難色を示す場合があります。その時には、こういう歴史的な背景もあることを理解して、＊治療《ちりょう》のためのピルであるということを説明してくださいね」

現在の避妊法《ひにんほう》は、コンドーム以外は女性側が行う方法がほとんどです。だからこそ女性は自分自身で、さまざまな避妊法《ひにんほう》のメリットとデメリットを理解して、主体的に避妊法《ひにんほう》を選ぶ必要があります。パートナーである男性任せにしてはいけないのです。

また男性は、セックスの結果である妊娠《にんしん》を引き受けるのは女性であることを認識することが大切で、避妊《ひにん》の重要性をしっかりと頭と心に刻んで実行してくださいと伝えます。

＊避妊目的としてではなく使用する場合には、経口避妊薬（OC）と区別して、LEP（低用量EP配合薬）と呼ばれる。

命の授業 4 妊娠を望まない時

女性の心と体に大きな負担がかかる、人工的に妊娠を中断する方法

高校3年生・大学生

100%確実な避《ひ》妊《にん》法《ほう》はない

１００％確実な避妊法《ひにんほう》がないという状況《じょうきょう》では、緊急《きんきゅう》時の対応やどうしても妊娠《にんしん》が継続《けいぞく》できない場合の対処方法を知っておかなければなりません。まず緊急避妊法《きんきゅうひにんほう》について伝えます。

「避妊《ひにん》により望まない妊娠《にんしん》を防ぐことが大切ですが、避妊《ひにん》がうまくいかなかったということもありますね。コンドームを使ったけれど膣《ちつ》の中ではずれてしまった時やコンドームが破れてしまった、避妊《ひにん》をしなかったなどという時です。その場合、緊急避妊法《きんきゅうひにんほう》、ＥＣ(Emergency Contraception)という方法があります。モーニングアフターピルとも言われます。もちろん、通常の避妊《ひにん》方法ではあり

ません。あくまでも、避妊《ひにん》に失敗した時やレイプされた時などに望まない妊娠《にんしん》を防ぐために行われる方法です。一般的《いっぱんてき》に計画的に行われる避妊《ひにん》とはきちんと区別しましょう」

日本では2011年にノルレボという緊急避妊薬《きゅうひにんやく》が認可されました。婦人科を受診《じゅしん》して処方してもらう必要があります。性交後72時間以内に2錠《じょう》を服用することで妊娠《にんしん》を回避《かいひ》する方法です。性交後の早い時期に服用すればするほど避妊《ひにん》効果は高くなりますが、100%、確実に妊娠《にんしん》が防げるというわけではありません。ですから、避妊《ひにん》をせずに無防備にセックスをするための薬ではなく、あくまでも、緊急《きんきゅう》事態に対応するための方法であることを知っておくことが大切です。あたりまえのことですが、妊娠《にんしん》を避《さ》けたいのなら、セックスの時にきちんと避妊《ひにん》しておくことが重要になります。

そして、「望まない妊娠《にんしん》という結果になった」時の知識についてです。人工的に妊娠《にんしん》を中断する「人工妊娠中絶《じんこうにんしんちゅうぜつ》」という方法にふれていきます。

人工《じんこう》妊娠《にんしん》中絶《ちゅうぜつ》とは

「みなさんもご存じの通り中絶手術とは、子宮にいる胎児《たいじ》を外に排出《はいしゅつ》させる手術です。ここでは、中絶についてよい悪いといった倫理《りんり》的《てき》なことは話題にしません。方法や法律のことを知っておいてほしいと思います。

日本の場合は、母体保護法という法律で、胎児《たいじ》が、母体外において、生命を維持《いじ》することのできない時期として、妊娠《にんしん》22週未満までは中絶手術が可能です」

人工妊娠《にんしん》中絶の時期は、妊娠《にんしん》12週未満の初期中絶と12週以降22週未満の中期中絶に分かれています。初期中絶は、掻爬《そうは》（器具を子宮の中に入れて胎児《たいじ》を掻《か》き出す方法）や吸引（子宮内の胎児《たいじ》を器械で吸引する方法）という手術をします。短時間で比較的《ひかくてき》安全に行われる手術方法です。12週以降の中期中絶は、薬で人工的に陣痛《じんつう》を起こし胎児《たいじ》を排出《はいしゅつ》する方法で、出産する場合とほぼ同じ状況《じょうきょう》になります。

「手術は、『母体保護法指定医師』という都道府県医師会の指定を受けている病院（医師）により行われますが、保険は使えませんので、実費が必要になります」

人工妊娠中絶《じんこうにんしんちゅうぜつ》は、お金の負担はもちろんですが、それ以上に、母体である女性に大きな負担をかけます。

「人工妊娠中絶《じんこうにんしんちゅうぜつ》は、妊娠《にんしん》をしたけれど、ど

うしても産めないという場合に選択《せんたく》される、悲しいけれど時には必要となる方法であることを理解してください。またこの方法は、女性が引き受けるものが多いこと、女性が決断しなければならないことが多いこと、つまり女性の心と体には多くの負担がかかることをみなさんは認識する必要があります。特に男性のみなさんはこのことをしっかりと想像して考えてみてください」

人間にとって、性行為《せいこうい》・セックスは、生殖《せいしょく》だけが目的ではなく、人とのふれあいを求める行為《こうい》であること、そして責任をともなう行為《こうい》であることを理解してほしいのです。だからこそ、大切な人との大切な行為《こうい》として考えてもらえるとうれしいです。

セックスと自分の人生を考える

授業の後には、「今日の授業を聞いて、彼《かれ》氏《し》と真剣《しんけん》に話し合いました」や「もう、子どもではない年齢《ねんれい》なので、セックスについてもっと真摯《しんし》に考えていこうと思います」などの感想が多く寄せられます。

大人になることで目の前に見えてくる性交・セックスという行為《こうい》について、自分の人生の中での位置づけを考えておいてください。そして、性を、生殖《せいしょく》をはじめ、健康、愛情、人権などさまざまな視点から見ることのできる豊かな感性をもつ大人として歩んでください。

（東京学芸大学　鈴木琴子）

Column

「尊重されるべき性」と真逆にある「性の商品化」

東京学芸大学
鈴木琴子

歴史的事実として、性・セックスの快楽を売り買いすること（買売春）を社会が正当化していました。江戸時代から全国に存在した「遊廓《ゆうかく》」が物語っています。その時代の権力者が買売春を公認した場所で、有名なものに吉原《よしわら》や島原《しまばら》があります。そこで商品とされるのは、たいていの場合、貧しい農村などから年季奉公という形で売られて連れてこられた少女たちだったと言われています（売春の場合、男の子も性の商品化の対象となることもあったようです）。行動は制限され、仕事（ここでは売春）をするしないを自分で決めることはできず、遊廓《ゆうかく》以外の場所での生活や外出は禁止され、不自由な日常でした。さらに、科学的な避妊《ひにん》方法などがない時代です。望まない妊娠《にんしん》や中絶（現在のような手術ではなく、子宮を強い力で無理やり押す、毒のような薬を飲むなど非常に危険な方法でした）、梅毒《ばいどく》など性感染症罹患《せいかんせんしょうりかん》という大きなリスクも抱《かか》えていました。

経済的なやりとり（金銭的な授与）があるからと性の商品化を正当化する意見もあります。しかし、お金を払えば何をしてもいいというのは傲慢《ごうまん》な考え方です。自由に生きるという人間の「基本的人権」を奪《うば》ってまで、経済活動を行うことがいいのかどうかを考えてください。性の商品となった女性たちは、その売り上げを遊廓《ゆうかく》の管理者らに搾取《さくしゅ》され、決して裕福《ゆうふく》な状態ではなかったこともわかっています。

日本では、１９４６年の公娼《こうしょう》制度の廃止《はいし》や１９５８年の売春防止法の施行《しこう》を経て、現在では公認の買売春を行う場所はなくなりましたが、名実ともに性の商品化がなくなったとは言い切れません。ＪＫビジネスやアダルトビデオへの出演強要（芸能界へのデビューという名目で誘うものの実際にはアダルトビデオへの出演だったということもあります）など、名前を変え方法を変え、性やセックスがさまざまな商品として扱《あつか》われることが現在でもあるのです。

性を通して人との関係を学ぶ

性を見つめて学ぶことで人と自分の関係性を知る

性の教育は権利の一部

国際的には乳幼児期から高齢《こうれい》期まで生涯《しょうがい》にわたる性の教育や学習を保障することがセクシュアル・ライツ（性の権利）の重要な一部となっています。国際的な性教育の指針として国連の International Technical Guidance on Sexuality Education（国際セクシュアリティ教育ガイダンス）の改訂《かいてい》版が２０１８年に出されました。初版は２００９年、９年ぶりの改訂《かいてい》版では、性教育を人権とジェンダーの平等という枠組《わくぐ》みの中に位置づけることを再確認したとあります。特に２０３０年をめざした持続可能な開発目標（SDGs）の中では、保健、教育、そしてジェンダーの平等として、若い人たちへのセクシュアリティ教育の重要性が盛り込《こ》まれています。

すべての子どもに性の教育を受ける機会が保証されるには学校教育が重要であるとも言えます。自分の健康を守るために必要な性の知識を身につけることは、「選ぶわたし」を強くすることでもあります。性教育を受けること、情報を得ることは権利なのです。

さまざまな国のいろいろな性教育

性教育は、人との関係性を学ぶきっかけにもなります。世界の多くの国では、地域によって民族によって多様な性教育が行われています。橋本《はしもと》紀子《のりこ》監修《かんしゅう》の『こんなに違《ちが》う！世界の性教育』（メディアファクトリー）をもとに、世界の性教育をのぞいてみましょう。

オランダでは、性教育が義務化されており、小学1年生となる5歳《さい》から実施《じっし》している学校もあります。内容やアプローチの仕方などは学校が自由に定めることができ、形式的な性教育ではありません。オランダ家族計画協会《かぞくけいかくきょうかい》が作成する指導要領では、思春期の人体の変化や家族計画・性的危険といった生理的、生物学的視点のほかに、自尊心・恋《こい》に落ちること・友情を築くこと・メディアの影響《えいきょう》など人との関係性についての内容も含《ふく》まれています。人との関係と性について思春期の前から教えられることにより、年齢《ねんれい》に関係なく性の健康に関して知識やサービスを選択《せんたく》できる環境《かんきょう》にあるのです。

オーストラリアの性教育では、名称《めいしょう》も「セックス教育」から「セクシュアリティ教育」

へと変化してきました。「セックス教育」は性《せい》感染症《かんせんしょう》予防や避妊《ひにん》などの安全なセックスについての理解が中心でしたが、「セクシュアリティ教育」では、「関係性についての学習に重点が置かれた、より包括的《ほうかつてき》な教育」となっています。「家族や友達との関係の大切さや多様なあり方、その基礎《きそ》となる自分の感情の自覚と表現についてなどが学習」のテーマになっています。たとえば、「相手にプレッシャーを与《あた》えずに映画に誘《さそ》うには」といった日常的なテーマで話し合ったりするそうです。

オランダでもオーストラリアでも、自分で安全な性行動を選択《せんたく》するための対人面での関係性がとても重要だと教えられます。周囲や友だちの声に左右されるのではなく、自分の健康、安全、感情を大切にして、自分で自分の性行動を選択《せんたく》することが重要だと教えられます。

アジアの性教育

では、アジアにあるタイや韓国《かんこく》ではどうでしょうか?

タイでは、「性は隠《かく》しておくもの」というタイ社会一般の価値観があり、多くの学校では性の正しい価値観として男性には責任感を、女性には純潔*を求める内容になっているようです。学校教育では「セクシュアリティ教育」がカリキュラムとして導入されています。これは、90年代のエイズ蔓延《まんえん》がきっかけとなり、国内での性教育への意識の高まりが背景にあったようです。政策が固まり、政府による性教育手引書はあっても、教える教員が十分性教育の意義や目的を理解していないこと、また、現実の青少年の性行動のほうが学校教育よりも先に進んでいて、教師側が一方的に古い価値観を押しつけがちであるなど、教育現場と実際の青少年とのギャップはまだまだ大きいようです。

中国は、かつての「一人っ子政策」が有名ですが、13億の人口をかかえる国であり、青少年の性健康と性教育の推進は人口政策の重要な一環《いっかん》とされています。性については科学的に学ぶことが推奨《すいしょう》され、生身の人間を使った実写版の性教育教材が使われていて、日本だと刑法の「わいせつ物頒布《はんぷ》罪」に問われそうな教材だそうです。これは、抽象《ちゅうしょう》的なイ

＊結婚するまで性行為しない、結婚しても配偶者以外とは性行為は行わないなど、女性の「処女性」の尊重や貞節を守ること。宗教と関連して尊ばれることが多い。

図表4 世界の性教育をのぞいてみよう

アメリカ	性を多角的に捉え責任をもって行動することを教える総合的性教育と、結婚まで性行為はせず禁欲生活を送ることが重要とする禁欲教育の二つがある。州によって両者の比重は異なる。また、性暴力や性的虐待を受けた場合に警察での事情聴取や法廷で証言できるよう、幼稚園から高校、障害者教育も性に関する正しい用語を年齢に合わせ学習する。
オランダ	同性結婚、ドラッグ、尊厳死が合法で、セックスワーカーも自営業の国。性教育も家庭、地域、学校、ボランティアグループが連携して子どもたちにリプロダクティブ・ヘルスケア（性や生殖にかかわる健康とケア）を教えている。恋愛対象に誰を選ぶか、性行為をするかしないか、避妊法はどれを選ぶかという選択は人権の一部とされる。毎年春のキャンペーンでは小学1年生のクラスで「恋に落ちるとはどういうことか」というテーマで教師と生徒が話しあったり、高学年のクラスでバナナにコンドームを被せる実習などを行う。
フィンランド	学校では主に「生物」と「健康教育」の科目で性教育が教えられる。生物では人のセクシュアリティや生殖、遺伝と環境の重要性を学び、健康教育では「人間関係」「性行動とこれに関連した価値や規範」について学習する。人間関係教育としての性教育が特徴である。
イギリス	性教育は義務化され、「サイエンス」の科目で学ぶ。「子どもをもつことについてどう思う？」と考える、生物学的視点以外も含む。信教の自由から「性教育は家庭で」「性教育は学校で」という両者の意見を尊重。親の希望によって性教育の授業から子どもを退席させる権利も認められている。
オーストラリア	多民族・多文化の国ならではのセクシュアリティ教育が州ごとに行われる。ゲイコミュニティのリーダーを育成して、男性同性愛者に対して「安全なセックス」やHIV検査推進を働きかける、アボリジニの指導者を通じてアボリジニの人たちへ働きかけるなどが功を奏している。家族計画協会のホームページで、ゲーム感覚で楽しみながら学べるコンテンツを展開するなどして若者に働きかけている。
タイ	HIV感染者を激減させ、予防に成功した国。タレントを起用した啓発活動やコンドームの無料配布を行った。感染者の人権を守ることにも力点が置かれた。HIV感染者みずからが啓発活動の主役となり、体験談を話すことで正しい理解へと繋がっている。
中国	性については科学的に学ぶことを推奨され、生身の人間を使った実写版の性教育教材が使われる。
韓国	10代の妊娠の増加などもあり、学校の性教育が義務化されている。生命の尊重、性的同一性（ジェンダー・アイデンティティ）など、性に関する健全な価値観を育成することを目標としている。性暴力関連の事件が多発したこともあり、性暴力からいかに身を守るかという性暴力予防にも力を入れている。学校以外でも性教育展示館や妊娠中の子宮の模型や人形などの性教育に関連した展示物を搭載したバスが各地を回るなどの活動がある。
日本	文部科学省が学習指導要領で何を教えるかを決めているが、教科とされていないこともあり、学校によって実施状況はさまざま。「保健」「道徳」「特別活動」などの時間に行われることが多い。「男女の社会的性差（ジェンダー）」や「思春期の心の発達」などについては性教育として認識されていないケースもある。

『こんなに違う！ 世界の性教育』橋本紀子監修（メディアファクトリー）より執筆者抜粋

ラストやアニメよりも、本物の人間をモデルとしたマルチメディア教材のほうが高い学習効果が得られるから、という理由によるものです。

さて、日本の性教育現場ではどうでしょうか？　実は、日本の学校の中での性教育の位置づけは曖昧《あいまい》で、学校によって本当にさまざまな状況があるのです。なかには先駆《せんく》的な取り組みをしている学校もあります。たとえば小学校高学年のクラスで、地域の乳幼児とその保護者を何組か招《まね》いて、複数のグループに分かれた児童たちが、妊娠《にんしん》や出産、育児についてお話を聞いたり、赤ちゃんを抱《だ》かせてもらったりする「いのちの学習」、産婦人科を訪問して学ぶ授業、デートDVをテーマに「対等な関係」を学ぶ授業など、多岐《たき》にわたります。もっと多くの学校や地域で、こういった取り組みが進むことが期待されます。

性の多様性を知ることで人との関係性を知る

世界で行われている性教育の捉《とら》え方は、その国や地域の歴史や社会、そしてそこに暮らす人びとの価値観を反映しており、とても多様であることがわかります。

国や地域の違《ちが》いはあっても、子どもたちが性について知ることは、みずからが選択《せんたく》して行動するという自由を保証することに繋《つな》がります。性教育は、生物学的な性を学ぶことを通して、人と人との関係性を学ぶことでもあります。対等な関係の中で自分も他人も大切にするという意識は、人権尊重の心を育み、やがて自己肯定感を持つ素地が育つことへと繋《つな》がるのではないでしょうか。

また、自分の性行動を自分で選ぶこと、性的コミュニケーションをどのように行うかなどは、ほかの人と親密な関係を築く上でとても重要な知識です。性教育により、性の人権を学ぶ機会となるのです。たとえば2015年にイギリスの警察がキャンペーンの一環《いっかん》で作成した「性的同意」を紅茶にたとえた動画*があります。これは、セックスの同意という概念を紅茶を勧めることにたとえ、人との関係において、相手の意思を尊重することの重要性を教えてくれます。私たち一人ひとりは体や心の境界線を持っています。だから、相手の同意なく相手の境界線に踏《ふ》み入ってはいけないし、相手の意思を尊重しなくてはいけないのです。

このように、性の多様性や人権を知ることで、たとえば誰《だれ》かの「ふつう」と自分の「ふつう」は違《ちが》うという観点、違《ちが》ってもいいという考え方も学んでいきます。関係性の学びからの発展といえるでしょう。

自分や人を大事にする感覚は、食事をすること、息をすることと同じくらいあたりまえで大事なことのひとつでもあるのです。

(神戸市看護大学《こうべしかんご》　嶋澤恭子《しまざわきょうこ》)

＊動画「Tea Concent」は You tube で閲覧可能。

2章

ライフステージと性

大人になる前に考えてみよう

人生は目的地の見えない旅のよう

人生には段階がある

中学校を卒業すると、思春期も後半に入ります。この時期を抜《ぬ》けると青年期、まさに大人としての一歩が始まります。ぜひその前に、人間の一生にはいろいろな時期があるということを知っておきましょう。

人生は、ライフステージ（人生の段階）といって、幼児期・小児期・思春期・青年期・老年期など年齢《ねんれい》の区分によって段階的に分かれています。もちろん、何歳《なんさい》から何歳《なんさい》ときっちり区切ることができるわけではありませんが、その時期の特徴《とくちょう》によって区分がされています。思春期というのは、小児期と青年期のあいだ、まさに子どもから大人へと変化する時期であり、だいたい小学校高学年から高校生がこの時期に当たります。

これまで、日本では「成人年齢《ねんれい》は20歳《さい》」と法律で定めていましたが、２０２２年からは法律が改正され、２歳《さい》引き下げて18歳《さい》で成人とすることになりました。つまり高校３年生になり18歳《さい》の誕生日《たんじょうび》がくると、選挙権が行使でき、親権者の承諾《しょうだく》がなくても結婚《けっこん》することができ、クレジットカードの発行が可能になります（ただし、飲酒や喫煙《きつえん》、ギャンブルは現行通り20歳《さい》からです）。成人と認められるということは、大人として自分の行動を自分で考えて決めることができると社会が認識したということになります。だからこそ、高校生の時期には、言い換《か》えれば思春期の後半には、自分の行動の基準や現在の社会でどのようなことが行われているかをしっかりと認識することが大切になります。これから続いていくあなたの人生をどう生きるかを、考える時期なのです。

２０１８年時点で、日本人《にほんじん》の平均寿命《じゅみょう》は、男性が81・09歳《さい》、女性は87・26歳《さい》と過去最高になりました。自分がいつまで生きていられるかは誰《だれ》にもわからないことですが、平均寿《じゅ》命《みょう》から考えると、あなたはあと何年生きられるのでしょう。60〜70年以上、これから先に続く自分の人生を想像できますか？　高校を卒業して、進学、就職、結婚《けっこん》、出産など生きていく上で体験するできごと、そして、老年期の最後には〝死〟を迎《むか》えるということ、加えて重要なことは、生きていくために、自分で自分の生活を支えるということ、いわゆる衣食住をどのようにしてまかなうかについても考えてみてください。ずっと親や保護者に頼《たよ》っていければいいのですが、確実に、親はあなたより先に老いていきます。今度はあなたが、その親の生活を支えていく場合もあることを頭に入れておきましょう。

自分の人生の歩き方を選ぶ

なぜこのようなことを考える必要があるのでしょう。その理由は、現代は自分の人生の歩き方を自由に選ぶことができる時代だからです。

社会科で習ったと思いますが、江戸時代には、身分制度があり親の職業を継《つ》ぐのが一般《いっぱん》的《てき》な人生でした。武士は武士、農民は農民として生きることが決まっていて、〝どんな大人になるか〟や〝どんな仕事をするか〟ということを考える必要はありませんでした。今のような職業選択《せんたく》の自由は、基本的にはない時代でもありました。自分の意思や希望とは関係なく人生が決まっていました。

明治時代以降はある程度選択《せんたく》できるようになったものの、まだまだ自由な人生を生きることは難しい時代でした。外国と戦争を行うなど、国家としての日本が不安定な時代であったことも関係するかもしれません。みなさんは、自分の人生の中に〝戦争をしている状態〟があるということを想像できますか？　国家という名のもとに、人を殺すことが許されたり、命ぜられたりするという異常事態です。あなたたちのおじいさんおばあさんも含《ふく》めて、上の世代の人たちの人生には、〝戦争をしていた〟という実体験と記憶《きおく》があることを知っておいてください（57ページコラムを参照）。

さらに女性にとっては、今よりもずっと選ぶという行為《こうい》、つまり自分で自分の人生を生きるということが難しい時代が、戦後まで続きます。結婚《けっこん》をして、つぎの世代を産むこと（強調して言えば、家督《かとく》や財産を継《つ》ぐ男の子を産むということです）が使命とされた時代が長く続いてきました。そのような社会では、子どもが産めない女性は、簡単に離婚《りこん》の対象になりました。つぎの世代を産むというこの命題が、現在でもＬＧＢＴ*と表現される人たちが生きづらいと感じる社会の根底に繋《つな》がっていくのです。

現代日本に生きる私たちは、昔《むかし》に比べれば自由に学び、仕事をし、自分の選んだ人生を生きるこ

＊**LGBT**　レズビアン（Lesbian、女性の同性愛者）、ゲイ（Gay、男性の同性愛者）、バイセクシュアル（Bisexual、両性愛者）、トランスジェンダー（Transgender、性別違和）の頭文字をとった言葉で、セクシュアル・マイノリティ（性的少数者）の総称のひとつ。くわしくは『大人になる前に知る 命のこと』128ページを参照。

とができるようになりました。北欧《ほくおう》などに比べれば、まだまだ確立しているとは言い難いのですが、女性だから男性だからという性別役割分担も、少しずつ解消されてきた部分もあります。半面、先人たちの生き方がお手本（ロールモデルともいいます）にならないことも出てきています。そのため、自分で自分の人生を考える必要が出てくるのです。

選ぶのは、楽しくもありますが、選択《せんたく》を迫《せま》られるという厳しい場面に出くわすこともあります。選んだ先で大成功することもあれば、自分の思う方向に行かないこともあるでしょう。そのためには、自分自身の経験値を上げてある程度の見通しを立てて選択《せんたく》する力や、心や体にダメージを受けた時にもある程度受け止められる柔軟性《じゅうなんせい》という「人生を生き抜《ぬ》く力」を少しずつ身につけるとよいのではと考えています。本を読む、旅をする、いろいろな人と出会う、協力し合い目的を達成する、また、今している勉強も経験値を上げる要素になるでしょう。少しロールプレイングゲームに似ていますね。ただし、人生はゲームとは違《ちが》い、ゲームオーバーした後にボタンを押《お》しても、簡単にやり直しはできないことはおわかりでしょう。

（東京学芸大学　鈴木琴子）

Column

思春期の少年と戦争

東京学芸大学　鈴木琴子

昭和時代に行われた戦争（第二次世界大戦・太平洋戦争）について書かれた本は、たくさん出版されていますね。みなさんの年代だと教科書に載《の》っていた「ちいちゃんのかげおくり」などが記憶《きおく》に残っていると思います。思春期のみなさんには、作家の石《いし》田衣良《だいら》さんが書いた小説『不死鳥少年　アンディ・タケシの東京大空襲《とうきょうだいくうしゅう》』をお勧めします。石田さんご本人もぜひ若い人に読んでほしいと考えて書いたそうです（毎日《まいにち》新聞夕刊　2018年9月13日寄《き》稿《こう》）。空襲《くうしゅう》や爆撃《ばくげき》といった〝戦争〟そのものだけではなく、少年少女たちが戦時中にどんな生活をしていたかという〝戦争における日常生活〟が、小説という手法をとって具体的にわかりやすく書かれています。主人公は14歳《さい》というまさに思春期の男の子。戦時下であっても現代のみなさんのように、友だちとかかわり、ケンカをし、淡《あわ》い恋《こい》をし、不自由でありながらも日常を過ごしています。しかし、その生活は、戦争の名のもとにだんだんと奪《うば》われていくという過程が鮮明《せんめい》に描《えが》かれています。現代に生きる私たちは、戦争を直接知りません。これはとても尊いことでありますが、忘れていい、知らなくていいというわけではないと私は思っています。想像すること、考えることで、これからも戦争のない、穏《おだ》やかな時代をつくっていけるのではないでしょうか。きっとこの本はその助けになると思います。

毎日新聞出版株式会社

長い人生を生き抜くために

あなたの土台となる大人の基礎をしっかり育てる

将来への知識を蓄える

人生を生き抜《ぬ》く力を向上させる方法のひとつとして、「これから起こるであろう人生の中でのいろいろなできごと（ライフイベントとも言う）」に対する知識をもつことも大切になります。長い人生を生き抜《ぬ》くためには、生まれてから思春期前半（中学生ぐらいの時期）までにあなたの一生を支える体をしっかりとつくっておくことが、とても大切です。

そして、思春期に大人としての体の基礎《きそ》を育てて、その変化にしっかりと適応することが必要です。「食事・運動・睡眠《すいみん》」を〝適度に〟バランスよく行うこと、体を支える筋力をつけること、将来起こるであろう月経・射精といった第*二次性徴《せいちょう》について理解をしておきましょう。月経と射精があるということは、〝赤ちゃん〟というつぎの世代を産み出すと

＊第二次性徴については『大人になる前に知る 命のこと』84ページを参照。

いう「妊娠《にんしん》する」能力をもっていることにほかなりません。ですから、思春期の変化を迎《むか》えたみなさんは、男性女性にかかわらず「セックスをすること、妊娠《*にんしん》の仕組み、出産の経過、避妊《ひにん》、性感染症《せいかんせんしょう》」についてきちんとした知識をもち、理解をしておいてください。赤ちゃんを産み出す能力は備わっていても、赤ちゃんを育てる能力はあるのでしょうか？思春期世代のみなさんが子どもを育てることは、学業が優先であることを考えても、とても難しいと言えます。

いつまでも子どものままではいられない

しかし、人生は順調に進んでいかないこともあります。子どもが欲しいのにできないという、「不妊《ふにん》」も起こりうるのです。「不妊《ふにん》」が起こる原因（31ページ図表3を参照）には、さまざまありますが、女性の側だけに原因があるのではありません。男性側にも「無精子症《しょう》（精子をつくれなかったり、精子はつくれるものの精子の通り道が塞《ふさ》がっていたりするなど、受精しにくい状態）」などの原因があります。また、女性はいつまでも妊娠《にんしん》できるというわけでなく、40代や50代になると妊娠《にんしん》しづらい状況《じょうきょう》になるという、「卵子の老化」についても知っておきましょう。これらの妊娠《にんしん》・出産については、「自分は、子どもは産まない」と考えている人も、知識として理解しておくことが必要です。そして、自分の人

＊妊娠・出産については『大人になる前に知る 命のこと』61ページを、避妊については本書32ページを、性感染症については本書86ページを参照。

生の中で、いつ妊娠《にんしん》や出産、子育てをするか（またはしないか）を考えること、ライフプランを立てることも大切になります。

このように考えると、高校生の時期は、いつまでも子どものままではいられないという自覚をもつ期間といえるでしょう。でも、まだまだ、友だちとの関係（彼氏《かれし》、彼女《かのじょ》との関係もありますね）や受験など目の前にあることに精一杯《せいいっぱい》という人が多いのではないかなと思います。そうした気持ちも大切にしつつ、少しの時間でいいから、自分はどんな大人になりたいのかを考えてみてください。

セックスの使命とリスク

反対に、子どもではないからと、大人のまねをすることはありません。特に「性」に関する行動については、早く大人にならなくてもいいのです。

もちろん、大切なことですから、興味はもっていいのです。でも「興味本位」（単におもしろいかどうかだけで何も深く考えないこと）で行動に移さないでください。性に関すること、いわゆるセックスという行為《こうい》は、大人としての愛情を示す大切な行為《こうい》ですが、その行為《こうい》は直接〝生命の誕生《たんじょう》〟と結びついていることをしっかりと頭に入れておいてください。

月経がある女性と射精ができる男性がセックスをすれば、女性は「妊娠《にんしん》」をすることがあります。インターネットで中学生や高校生では妊娠《にんしん》はしないという信じたくなるような情報が検索《けんさく》できるかもしれませんが、それはまったくのうそです。セックスという行為《こうい》の先には、予定外の妊娠《にんしん》（望まない妊娠《にんしん》）や性感染症《せいかんせんしょう》に罹患《りかん》するというリスク（危険性）があります。つまり、セックスには、命を産み出すという大切な使命と、それによるリスクという、二面性があるのだと理解しておいてください。この話は、「命の授業3妊娠をまたげる方法」（29ページ）、「妊娠を中断する場合」（77ページ）、「知っておこう、性感染症《せいかんせんしょう》」（100ページ）にくわしく書いていますので、そちらも参考にしてください。ですから、中学生や高校生のあいだは、セックスをするという選択《せんたく》はしないほうがいいと言えるのです。

いちばん不安定で無防備な変化の時

大人と子どもの境目にある、この思春期という時期にゆっくりと考えて、悩《なや》んで、迷って、選択《せんたく》をしてください。ただし、どんなに明快に選択《せんたく》しても、少しの後悔《こうかい》は残ります。その後悔《こうかい》も含《ふく》めて自分の人生と割り切ることも必要です。

また、思春期が始まってから、早い人は小学校高学年からですが、イライラしたり、なんとなくなんでもいやになったり（特に親や保護者、大人に対して反抗《はんこう》するという形をとることも多いですね）、心が安定しないと感じることが多くなったと思います。それはなぜかというと、成長にともなって少しずつ自分でこうしたいと考えられるようになったからでしょう。でも、その考えたことが正解かはわからないし、実行できる自信もなく、

不安を感じることも多いですね。

心や体が変化するということは、実は不安定になることなのです。昆虫《こんちゅう》がサナギから羽化する時、これを変態といいますが、無防備でいちばん外敵に狙《ねら》われやすい時なのだそうです。ですから、人も同じように心や体が変化する時は、無防備で不安定な時であり、心も落ち着かないことがあって、おかしくはありません。不安を感じている人は、安心してください。順調に大人になっている証拠《しょうこ》です。

ただし、その不安定な感情に甘《あま》えることなく、なぜそうなるのか、どうしてそう感じるのか、自分はどうしたいかなどを、ぜひ冷静に考えてみることが必要でしょう。そして、不安がいっぱいで何もできないとか、もう生きていたくないと思う状況《じょうきょう》にあっても、絶対に自分で自分の人生を終わりにすることはしないでください。自分の未来は自分のもの、それだけではなく〝まだ見えない未来にいる自分のもの〟ということを忘れないでほしいのです。また、あなた自身の成長を支えてくれたまわりにいる人たちの思いにも、心を寄せてほしいのです。生まれてきたこと、成長してきたこと、あなたが生きることを心から喜んでくれている人が絶対にいるはずです。そして、疲《つか》れたら休んでもいいから、なんとか未来のあなたのために生き抜《ぬ》いてほしいのです。

人生は、目的地の見えない旅なのかもしれません。地図を広げ、だいたいの目的と途《と》中《ちゅう》で起こるできごとを推測して、旅に出たものの、実際にはとてつもなく急な坂であったり、天気が悪くて歩けなかったり、と想像もしなかったことにたくさん出合うでしょう。さらに目的地の方向へ正しく進んでいるかどうかはわかりません。目的地がわからなくなることもあるし、目的地が合っているのかどうかも心配です。怖《こわ》くて泣いてしまいそうですね。でも旅の途中《とちゅう》にある美しい風景やおいしい食べもの、それから親切にしてくれる人や仲間たちとの出会いは、きっとあなたを笑顔《えがお》にしてくれるでしょう。

思春期も後半になったみなさんは、これから自分で地図を読み、方向を定めて、必要な荷物を担いで一人で歩いていくのです。さあ、どんな旅になるのでしょう。

Have a nice trip!

（東京学芸大学　鈴木琴子）

高校生はどんな時期？

失敗することで覚えることもある

大人になる直前の期間

高校生になると、思春期に起こる体の変化（月経・射精）はほとんどの人が経験していますね。小学校高学年から中学生の時期に始まった思春期の変化の中で、体の変化は落ち着いていきますが、心の成長は急に進むわけではなく、ゆっくりとしています。だから、高校の学年が上がるにつれて、イライラしたり、反抗《はんこう》したりといった思春期にともなう感情の変化はある程度安定した方向に向かうところでしょう。反対に、進学や就職といった環《かん》境《きょう》の変化を控《ひか》えて不安になる人もいます。まさに高校の時期は、自分自身の心の変化が環《かん》境《きょう》の変化とともに大きく表れる時期なのですね。

この時期に考えてほしいことは、高校を卒業するとまさに大人としての行動を求められるということです。大人になるということは、今よりも自由な行動ができるようになりますが、半面その行動に対する責任も求められ、子どもの時に許されていたこと（反抗《はんこう》したり、わがままを言ったりといった子どもらしい行動のこと）はできなくなると考えてください。だからこそ、この本のテーマである「性のこと」や「命のこと」について自分の中できちんと理解をして、大人になってほしいと思います。

自分で自分を支えられるように

そして自分の未来も考えましょう。これから、どんなことをして、どんなふうに生きていくのかを想像してみてください。大切なのは、自分の生活を自分で支えられるようにすることです。具体的には、洗濯《せんたく》や掃除《そうじ》、炊事《すいじ》を自分でできるようにならなければなりません。また、住むための費用（家賃など）や食材を買う費用（食費）も必要です。そのためには仕事をするということが必要ですね。あなたはどんな仕事をして自分の人生を支えるのでしょう。

覚えていてほしいのは、「失敗もある」ということです。それこそ、みなさんのような若い時期には失敗することがまだまだ許される時期でもありますし、「失敗する」ことで覚えることも多いのです（ただし、失敗しすぎるのも、あなたへの信頼度《しんらいど》が低くなること

もあるので気をつけてくださいね）。〃失敗〃というとマイナスなイメージがありますが、大人はみな失敗の積み重ねをしています。学校でまじめな顔で授業をしている先生方も、これを書いている私も失敗をして、落ち込《こ》んで（時には泣いて）、悩《なや》んで、そして復活してということを何回もくり返して、少しずつレベルアップをして今まで生きてきたのです。だから一度の失敗では決してあきらめないでください。また、１００％の成功をめざしてもいいのですが、時には60％、あるいは80％でもだいじょうぶなこともあるということを、心の片隅《かたすみ》に覚えておきましょう。何があっても生きるという意志、あきらめないしなやかな心をこの高校生という時期に育ててほしいと思います。

（東京学芸大学　鈴木琴子）

自分の性と向き合おう

安心できる人とのかかわりが重要な性の自己決定

自分のことは自分で決める——性の自己決定

あなたがイメージする「大人」はどんな人でしょうか？　そしてあなたのまわりの大人は、幸せそうに見えるでしょうか？　あなたは、大人になったほうが今よりも幸せになると思いますか？　それとも子どものままのほうがいいと思っているでしょうか。

大人になると、今以上に、自分の人生を自分で決めることができます。親や保護者の同意を得なくても、モノを買ったり、契約《けいやく》をしたり、就職や進学も自分だけで決められるようになり、自分の国の選挙権を得て政治の方向性について国に自分の意見を反映させることもできます。でも、「自分の人生を自分で決めることができる」とは、ただ単に着たい服を着たり、髪形を自由にできたり、好きなものを食べたり、ということではありません。

70ページ図表5に、欲求階層モデルを示します。好きなものを食べる、眠《ねむ》い時に寝《ね》ると いったことは、生理的欲求に含《ふく》まれます。そして、寝《ね》たり食べたり、リラックスしている あいだでも危険な目にあうことがない、というふうに安全も保証されなければ、人間は生きてはいけません。さらに、今は眠《ねむ》いけれど、睡眠《すいみん》時間を削《けず》ってでも誰《だれ》かを助けたいという思いや、自分もお腹が空いているけれど、自分だけお腹いっぱいになるよりも他人と分け合いたい、という愛情欲求もあります。最上部の自己実現の欲求とは、公私ともに自分らしい人生を生きることを言います。自分の人生を自分で決める時、人はこうした欲求に基づいて決断しますが、人間の欲求とは決してひとつの次元のみではないことが、図表5からわかります。

大人になるとは、こうしたさまざまな欲求を自覚して、いくつもの決断を自分自身で行い、その結果も味わってまたつぎの決断に活かす人生を生きることなのです。自分の欲求がわからないよりもわかっているほうが、より大人として納得した人生になるでしょう。また、ほかの人の生理的欲求を侵《おか》さず、安全を守り合い、愛情と尊敬をもって、自分も他人も自己実現できるように助け合えることが、成熟した大人の関係と言えます。

では、性に関する欲求は、どの層に当てはまるでしょうか？ また、性的な欲求は、どのようにわかるのでしょうか。実は、性とは五つの段階のすべてに当てはまるのです。性

図表5 欲求階層モデルと性

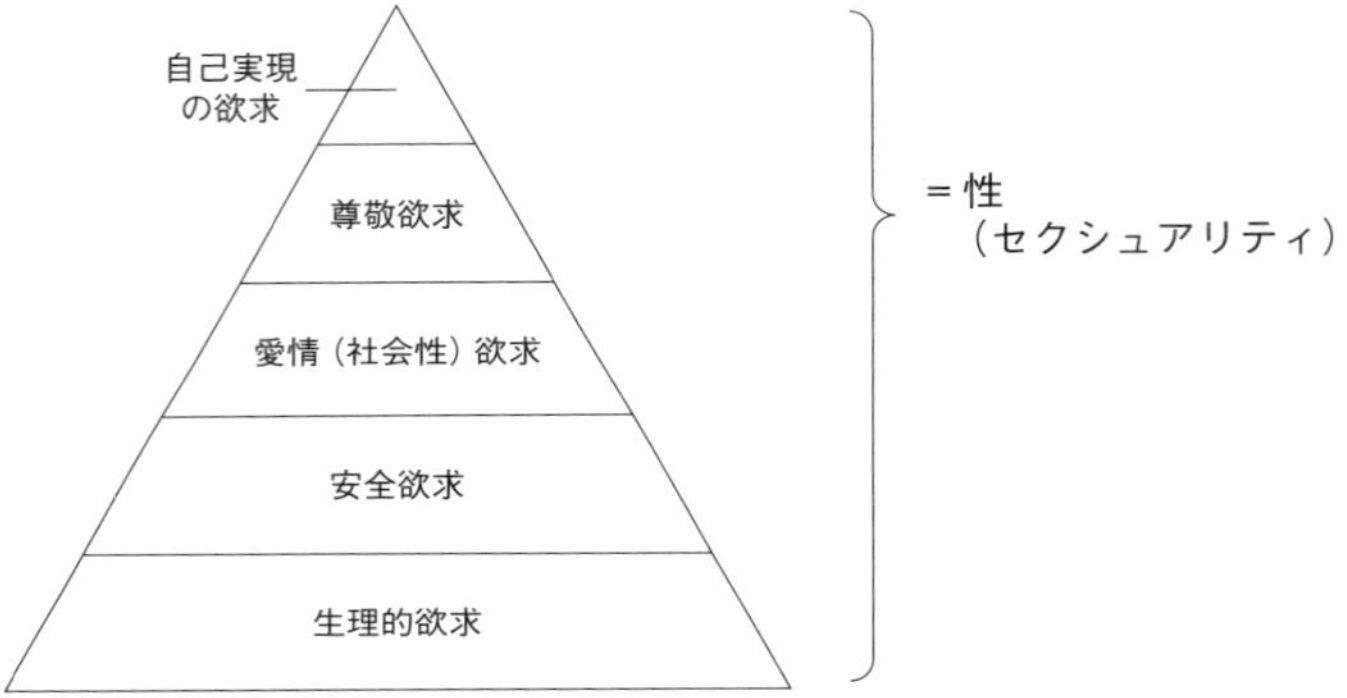

『改訂新版 人間性の心理学』A. H. マズロー著、小口忠彦訳、産能大出版部より一部改変

の欲求は食欲や睡眠《すいみん》と同じくらい、原始的な欲求であると言えます。と同時に、性行為のあいだには性器を相手の前にあらわにしたり、裸《はだか》の自分を見せることになります。そんな時は安全が守られていることが人間には必要です。そして、お腹が空いたからと言って食べ物を盗んだりしないのと同じように、自分や相手の性行為《せいこうい》が社会的に承認されていること、そして性行為《せいこうい》を通じて愛情を感じられることを欲するのです。また、単に性行為《せいこうい》のみで終わることなく、自分の内側にある性的な考えや願望などが社会から承認されているという感覚や、自分やほかの人の愛情を感じられるものであることが、幸福と関係します。それらの欲求が満たされることで「自分らしさ」（自己実現）へとつながっていくのです。

　たとえば、自分の性別（性自認）、誰かを好きになった時に相手が同性か異性か（性的指向）、そのことを人に言うかどうか、表現するかどうか（性表現）なども欲求です。こうした性に関する自分の欲求に気付き、性欲求によって自分も周りも暴力を受けることなく、安全に安心していられること、そして性の欲求によって愛情を感じられることが幸福につながっていきます。あなたは大人になっていく過程で、自分の性自認や性的指向、性表現の欲求に気付き、それを周りから承認されることを望む段階が来ることでしょう。

誰《だれ》もがもつ性の欲求

もう一度、図表5を見てみましょう。先に、5段階の欲求に基づいて自分の人生を自分で決められる人が大人であると説明しました。あなたは、自分の性に関する「生理的欲求」「安全欲求」「愛情（社会性）欲求」「尊敬欲求」「自己実現の欲求」が具体的にはどのようなことかわかるでしょうか？　今、好きな人がいて、その人と会うと鼓動《こどう》が早くなる、ドキドキする、など体の（生理的）変化から、何を欲しているかはわかりやすいかもしれません。そして性行動（近づいたり、ハグしたり、キスをしたり）を怖《こわ》い思いや不安をもつことなく行いたいといった安全の欲求もわかるでしょう。

しかし、たとえばクラスメートから、自分が誰《だれ》かを好きになったこと（性的指向）をからかわれたり、男（女）らしくないといじめられたり、信頼《しんらい》している人に性暴力をふるわれたら、ショックや恐怖《きょうふ》で一瞬《いっしゅん》「自分が何か悪いことをしたんじゃないか」と思うかもしれません。あるいは、もっと強くなっていじわるされないようにしなければと焦《あせ》ったり、相手に仕返ししたいなどと感じることがあるかもしれません。しかし、そんな時こそ、自分の欲求を大切にしましょう。あなたの「生理的欲求」「安全欲求」「愛情（社会性）欲求」「尊敬欲求」「自己実現の欲求」に気付くことが重要です。「安全」な性行為《せいこうい》や「社会的つながり（愛情）」を求めること、好きな人と関係をもち、その関係を相手やまわりの人たちに尊重されたいという欲求は、とても人間的で自然なことなのです。自分の本当の欲求は、大人として人生の決断をするさいの基本になります。また、生理的欲求・安全欲求が満たされると安心感を、愛情（社会性）欲求・尊敬欲求・自己実現の欲求が満たされると幸福感を感じます。

安心できる人とのかかわりの重要性

大人になるとは、自分の人生を自分で決めることとです。決め手となるのは「自分が何をほんとうに求めているのか」がわかること。人間が欲求を自覚するためには、その欲求が満たされた状態を漠然《ばくぜん》とでもいいので知っている、ということが重要です。

たとえば赤ちゃんは、世話をされ、生理的欲求や安全を守られることで生きることができます。愛された経験があるから、愛情欲求はあっていいのだ、求めてもいいのだと感じられるのです。子どもの時に欲求が満たされる経験をもつことは、とても大切です。欲求を満たしてくれる相手は親でなくてもかまいません。大人の誰《だれ》か一人でも、子どものなんらかの欲求を満たしてあげることで、その子どもは「自分が何をほんとうに求めているのか」にみずから気付き、自分の人生を自分で決める力がついていくのです。

「大人」としてあなたがイメージする人とは、おそらくあなたの本当の欲求を満たしてくれた人か、その人に似た人であることが多いものです。優しいおばあちゃんや、褒《ほ》めてくれた先生、ネットや本を通じて出会った人物かもしれません。あるいは、「あんな大人にはなりたくない」と思う相手でも、必死に生きているその人から何か大きなエネルギーを感じたりするかもしれません。また、生まれた時の性別とはちがう性を生きる人や、いろいろな人を好きになる人、同性愛や異性愛の人、アセクシュアル*の人、性パートナーとともに生きる人など多様な性を生きる大人がいます。あなたが思い浮かべる大人から、あなたはすでに影響《えいきょう》を受けています。大人になる前の今、そうした大人も含《ふく》めた多くの人とかかわり、あなたのもつ自分らしさや人間性の尊厳に気付いてください。

（慶應義塾《けいおうぎじゅく》大学　藤井《ふじい》ひろみ）

＊アセクシュアル（Asexual）　恋愛的感情の有無にかかわらず、他者に性的に興味関心を抱くことがないセクシュアリティのこと。

10代の妊娠と出産

出産し子どもを育てるためには経済的基盤と心身の発達が大切

ちょっと待って！　希望しない妊娠《にんしん》

ライフステージと性について読んできて、いかがでしょうか？　ここでは、ライフステージの中でとても大きなできごと、妊娠《にんしん》について紹介《しょうかい》していきます。

生命を育み、次世代に生命のバトンを繋《つな》ぐことになる妊娠《にんしん》と出産は、本来ならとても喜ばしいことです。でも、社会生活の基盤《きばん》ができていない時、特に高校生の妊娠《にんしん》は「ちょっと待って！」です。また、妊娠《にんしん》しても相手との関係が続かない、責任をもてない場合も同様です。10代では特に、本人の「希望しない妊娠《にんしん》」を避《さ》けてほしいです。そのためには、性行動とはどんな仕組みで起こるのかという知識、確実な避妊《ひにん》と性感染症《せいかんせんしょう》の予防が不可欠です（32ページ～、１００ページの関連項目《こうもく》も参照を）。

では、10代の妊娠《にんしん》と出産の実情、もし、妊娠《にんしん》したらどんな選択肢《せんたくし》があるのか、について
お伝えします。

10代の性行動と妊娠《にんしん》、出産

ドラマや映画などで、ときどき10代の妊娠《にんしん》と出産にまつわるエピソードが描《えが》かれます。それを見ていると、そんなことがよくあることなのだろうか？　と思う人がいるかもしれません。

明治時代における平均初婚《しょこん》（はじめて結婚《けっこん》する時の年齢《ねんれい》）の統計を見てみると、おおよそ男性が27・０歳《さい》、女性が23・０歳《さい》でした。現在の統計を見てみましょう。２０１７年では男性が31・１歳《さい》、女性が29・４歳《さい》となっています。およそ１００年間で、男性が４・１歳《さい》、女性が６・４歳《さい》、結婚《けっこん》する年齢《ねんれい》が遅《おそ》くなっていることがわかります。特に女性のほうが顕著《けんちょ》です。

つぎに、２０１７年に出産した母親の年齢《ねんれい》別の人数を図表６に示します。10代での妊《にん》娠《しん》・出産はそれほど多くはありません。統計で見ると、多くの人たちが大人になってから、母親、父親になっていることがわかりますね。

２０１７年、日本で生まれた赤ちゃんは94万６０６５人でした。これは、母親が日本国《こく》

図表6　出産した母親の年齢別の人数（2017年）

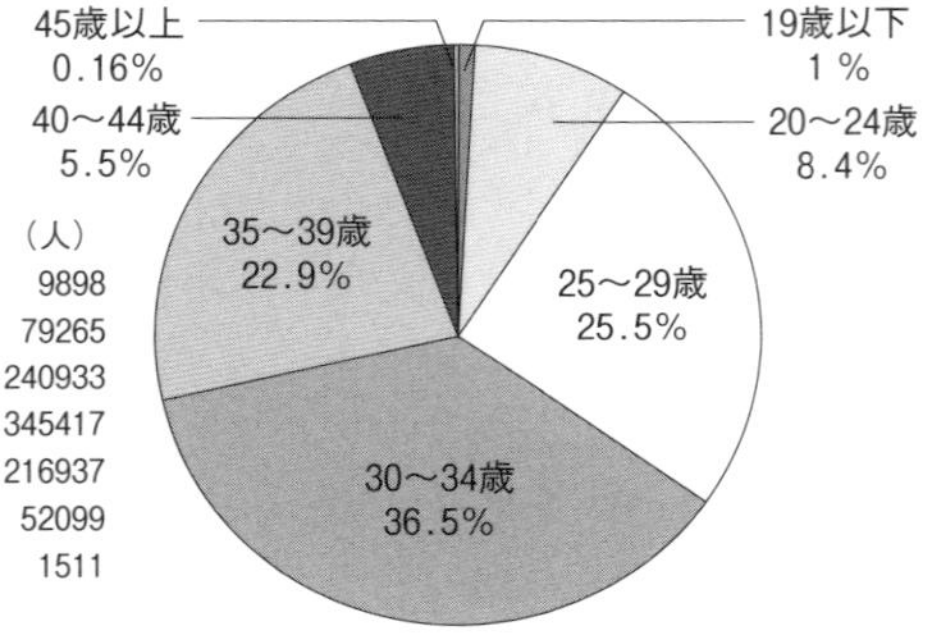

（年齢）	（人）
19歳以下	9898
20〜24歳	79265
25〜29歳	240933
30〜34歳	345417
35〜39歳	216937
40〜44歳	52099
45歳以上	1511

籍《せき》をもつ人の場合です。ここに、父母が外国籍《せき》である赤ちゃんを加えると、約96万2731人となります。このうち、19歳《さい》以下の母親は9898人（1％）でした。

なぜでしょうか？

その理由はさまざまありますが、ひとつには、子どもを産み育てるためには男女ともに社会で経済的な基《き》盤《ばん》が必要なことがあげられます。妊娠《にんしん》し、出産育児を成し遂《と》げるためには、心身の発達が十分でなければなりません。生まれた赤ちゃんが元気に育つための指標のひとつに、周産期死亡率（出産前後の赤ちゃんの死亡率）というものがあります。現在、世界的に見ても日本の死亡率はもっとも低くなっているのですが、そのなかでも、10代の母親が出産した赤ちゃんの周産期死亡率は、ほかの年代の母親と比べると高い傾向《けいこう》があります。10代の母親のなかには、15歳《さい》以下が約150人（0・15％）も含《ふく》まれています。中学生の妊娠《にんしん》・

出産はさまざまな面でとても多くの困難をともなうことが、ここからもわかるでしょう。

もちろん、順調に妊娠《にんしん》出産し、育児を行っている人たちもいます。でも統計で見ると、多くの人たちが大人になってから、母親、父親になっていることがわかりますね。

性《せい》の健康医学財団《けんこういがくざいだん》がまとめた、高校生が出産することの問題点を図表7に紹介《しょうかい》します。妊娠《にんしん》の心配や可能性がある人は、信頼《しんらい》できる大人に、まず相談しましょう。電話でも相談できる窓口や協会があります。名乗らずに匿名《とくめい》でも相談できます。一人で悩《なや》まずにできるだけ早く相談しましょう（付録1「妊娠《にんしん》の相談窓口」も参照）。

妊娠《にんしん》を中断する場合

母体保護法という法律により、妊娠《にんしん》22週未満までに人工的に妊娠《にんしん》を中断する方法を「人工妊娠中絶《じんこうにんしんちゅうぜつ》」といいます。法律により定められた指定医師による医療行為《いりょうこうい》となります。201

図表7 高校生が出産することの問題点

- パートナーがいない場合やいても年齢が若く職業についていないことが多い
- 経済的に不安定である
- 母親自身が未だ成長過程にある
- 学業が継続困難になる
- 妊娠や出産育児に関する知識がなく、母親としての自覚に乏しい

「性の健康医学財団」ホームページより

7年には16万4621人が人工妊娠中絶《じんこうにんしんちゅうぜつ》を受けています。そのなかで20歳《さい》未満（19歳《さい》以下）が1万4128人（約8・6％）です。そのうち、15歳《さい》以下の中絶が約500人（約0・3％）です。数字を見るだけではなく、想像してみてください。若い年齢《ねんれい》の母親や家族、パートナーはさまざまな困難にあってこうした選択《せんたく》をしたに違《ちが》いありません。

出産数と比べてみると、10代で妊娠《にんしん》した人は人工妊娠中絶《じんこうにんしんちゅうぜつ》に至る人が多かったことがわかります。専門家の調査によると、10代の妊娠《にんしん》は「希望しない妊娠《にんしん》」がほとんどで、70～80％が人工妊娠中絶《じんこうにんしんちゅうぜつ》に至っているとも指摘《してき》しています。人工妊娠中絶《じんこうにんしんちゅうぜつ》は経済面の負担ではもちろんのこと、女性にとっては心身面でも負担の大きな手術です。止むを得ない場合を除いては、避《さ》けるに越《こ》したことはありません。しかし、妊娠《にんしん》週数が早いほど心身への影響《えいきょう》は軽くなります。できるだけ早い段階で信頼《しんらい》できる大人または相談先（付録を参照）に相談し、産婦人科を受診《じゅしん》しましょう。

悩《なや》んでいるうちに人工妊娠中絶《じんこうにんしんちゅうぜつ》ができる週数を過ぎてしまうこともあります。その結果、高校生の男女が、セックスした後、妊娠《にんしん》に気がつかず、また気がついても誰《だれ》にも相談できないまま出産に至り、生まれた赤ちゃんを遺棄《いき》して警察に逮捕《たいほ》された、という事件*もありました。また、出産したものの、育児が思うようにいかずに赤ちゃんを虐待《ぎゃくたい》してしまうケースもあります。

＊別巻『大人になる前に知る 命のこと』107ページの事例も参照。

個人差はかなりありますが、誰《だれ》かを好きになったり、性への関心が高まったりするのが10代です。性行動も活発化しますが、「希望しない妊娠《にんしん》」は男女の心身面、学業や社会的生活に大きく影響《えいきょう》します。何度も言いますが、「妊娠《にんしん》」の心配、可能性がある人は、できるだけ早く信頼《しんらい》できる大人にまず相談しましょう。

72時間以内（3日）であれば緊急避妊《きんきゅうひにん》という選択肢《せんたくし》

妊娠《にんしん》が心配される行為《こうい》から72時間以内（3日）であれば緊急避妊《きんきゅうひにん》という選択肢《せんたくし》があります。これは、産婦人科で処方される緊急避妊《きんきゅうひにん》ピルを服用するという方法です。妊娠《にんしん》が心配される行為《こうい》から72時間以内の服用で効果があります。

生理が遅《おく》れていて、妊娠《にんしん》が心配される場合、つぎの月経予定日から1週間後くらいに薬局で市販《しはん》されている検査薬を使用して妊娠《にんしん》しているかどうかを調べることもできますが、あくまでこの方法は目安です。不安があれば専門の医師に診《み》てもらいましょう。

まわりの大人に相談できない場合、また、相談できても専門的な助言も必要ですので、付録1も参考にしてください。体の状況《じょうきょう》に合わせてできることを教えてくれます。人工妊娠中絶《じんこうにんしんちゅうぜつ》に関する施設《しせつ》、そして中絶後の体の変化、気をつけること等々も知っておくと役に立ちます。本人でなく家族や相談を受けた人も、こうした相談機関を利用できます。

妊娠《にんしん》を継続《けいぞく》する場合、または継続《けいぞく》しなければならない場合

妊娠《にんしん》した高校生の在籍状況《ざいせきじょうきょう》を文部科学《もんぶかがく》省が調査した結果があります。２０１５〜２０１６年度に公立高校（全日制及《およ》び定時制）に調査を行い、２年間で学校側が妊娠《にんしん》を把握《はあく》した生徒は全日制１００６人、定時制が１０９２人の合計２０９８人でした（図表８）。妊娠《にんしん》した生徒たちはどのような状況《じょうきょう》だったのでしょうか。

私立高校は入っていませんが、どのような選択肢《せんたくし》が可能であるか、ひとつの指標となります。勉学を継続《けいぞく》するためには、保護者、通学している学校の教員、養護教諭《きょうゆ》とよく相談する必要があります。自分の気持ちをしっかり聞いてもらい、選択肢《せんたくし》を確認しましょう。また、できるだけ早く保健医療《いりょう》の専門家にかかりましょう。地域の産婦人科医、助産師、市町村保健センターの保健師が対応します。相談により知恵《ちえ》もいろいろ生まれます。保健センターでは妊婦《にんぷ》本人から妊娠《にんしん》の届け出がされると母子健康手帳と妊婦《にんぷ》健康診査《しんさ》費用助成の受診票《じゅしんひょう》（14回分）が交付されます。心身の相談や利用できる支援《しえん》や機関、育児面（産後の子どもの預け先の相談も含《ふく》めて）についても相談に乗ってくれます。お産の時にもお金がかかりますので、助成制度についても情報を得ましょう。

妊婦健診《にんぷけんしん》は必ず受けましょう。妊娠《にんしん》は生理的現象ですが経過が正常かどうか、日常で気

図表8 妊娠した生徒たちの在籍状況

			全日制		定時制	
			回答数	割合	回答数	割合
①産前産後（概ね出産の前後6～8週間程度）を除く全ての期間通学（※）			319	31.7%	459	42.0%
妊娠・出産を理由とする	②課程の変更		9	0.9%	26	2.4%
	③産前産後（概ね出産の前後6～8週間程度）以外の妊娠期・育児期における休学		42	4.2%	146	13.4%
	④転学		153	15.2%	25	2.3%
	退学	⑤懲戒退学	0	0.0%	0	0.0%
		⑥退学を勧めた結果として「自主退学」　計：32件	21	2.1%	11	1.0%
		⑦真に本人（又は保護者）の意思に基づいて自主退学	371	36.9%	271	24.8%
⑧妊娠・出産以外を理由とする②～⑦			91	9.0%	154	14.1%
		計	1006	100.0%	1092	100.0%

※妊娠後も休学・転学・退学もせずに在籍した者について計上

2017年9月1日現在における、妊娠した生徒の在籍状況（単位：件）
公立高校（全日制及び定時制）に行った文部科学省の調査より（2017～2018年度）。

をつけたほうがいいことなどを健診《けんしん》のたびに医師・助産師に診《み》てもらいます。出産準備教室も保健センターおよび医療《いりょう》機関で行っています。同じような出産時期の母親たちが参加している育児サークルを紹介《しょうかい》してくれます。

10代での妊娠《にんしん》出産は確かにリスクもともないますが、一つひとつ乗り越《こ》えてゆくことは人間として尊い学びになっていきます。

産後の育児は思った以上に大変なこともあるかもしれません。かかえすぎずに相談していきましょう。状況《じょうきょう》によっては子どもと母親、父親自身のためにも養子縁組《えんぐみ》（付録2参照）をしたほうがいい場合もあります。そのような相談も信頼《しんらい》できる大人、専門家からの知恵《ちえ》を得ながら乗り越《こ》えていきましょう。

（茨城県立医療大学《いばらきけんりついりょうだいがく》　加納尚美《かのうなおみ》）

Column

新生児を救う赤ちゃんポスト

茨城県立医療大学　加納尚美

赤ちゃんポストは、親が育てられない子どもを匿《とく》名《めい》で受け入れる施設《しせつ》およびそのシステムのことです。日本では２００７年に、熊本《くまもと》市の慈恵《じけい》病院に「こうのとりのゆりかご」の名称《めいしょう》で設置され、運用が開始されました。お手本となったのは、ドイツに１９９９年にできた、人工《じんこう》妊娠《にんしん》中絶《ちゅうぜつ》や児童遺棄《いき》から新生児を救うための赤ちゃんポストです。

海外ではドイツやパキスタンはじめ、このシステムを採用している国や地域はたくさんありますが、日本では、設置をめぐり、構想の段階から現在に至るまで論争が続いています。赤ちゃんポストは捨てられてしまう命を助けることが目的ですが、一方で育児放棄《ほうき》を助長するのではないか、匿名《とくめい》で受け入れることが子どもの権利条約にうたう「出自を知る権利」に反するのではないかなど、さまざまな意見が出されています。

現在、「こうのとりのゆりかご」は日本で唯一《ゆいいつ》の施設《しせつ》です。創設から２０１５年度までの９年間に１２５人の子どもが託《たく》されました。慈恵病院は24時間体制の妊娠《にんしん》相談も実施《じっし》していて、２０１６年度は予期しない妊娠《にんしん》など６５６５件の相談がありました。また２００７年度以降の10年間で、この相談が２９４件の特別養子縁組《えんぐみ》に繋《つな》がっています。

命の授業 5 ライフステージを考える

本・映画・マンガから人の一生を考える

広島《ひろしま》文化学園大学《ぶんかがくえんだいがく》看護学科《かんごがっか》 中村《なかむら》哲《さとし》さん
・東京学芸大学教育学部《とうきょうがくげいだいがくきょういくがくぶ》 鈴木《すずき》琴子《ことこ》（聞き手）

年齢《ねんれい》ごとに一生を考える

人はその一生の中でたくさんの事柄《ことがら》に影響《えいきょう》を受けて自身を育んでいきます。今、みなさんが興味のあるものはなんでしょうか。そして、人生の先輩《せんぱい》たちはどんなモノやコトに影響《えいきょう》され、感性を豊かにしてきたのでしょうか。公衆衛生学や微《び》生物学を教えている中村哲さんに、助産師でもある鈴木琴子（筆者）が聞きました。

＊＊＊

鈴木琴子（以下、S） 人の一生を考える時、最近ではライフステージという概念《がいねん》があります。人の一生を、幼児期、小児期、成人期など年齢《ねんれい》の段階で分けて考えるという方法ですね。子どものころの記憶《きおく》はいつごろからあり

＊**少年少女世界文学全集** 1958年から1962年に講談社から刊行された世界各国の文学を集めた全集。監修を小川未明、志賀直哉、福原麟太郎など日本を代表する文学者がしていた。

ますか？

中村哲（以下、N）　2、3歳《さい》のころの記憶《きおく》として、母の実家にあった、畑の近くの湧《わ》き水のところにあった陶器《とうき》でつくられた水盤《すいばん》のこととか曽祖父《そうそふ》の家のトイレとか（笑）。

S　そのころは、まだまだ水洗トイレでなく、くみ取り式ですよね。テレビもない時代でしたから、そういう時代ですと何が娯楽《ごらく》として楽しみでした？

公衆衛生学を専門とする中村哲さん

N　やはり、外で遊ぶこととか。ほかには、小学生のころに講談社《こうだんしゃ》から少年少女世界文学*全集が毎月2冊発刊されるようになり、それを父が買ってきてくれる。それがとてもうれしくて、渡《わた》されるとすぐに読んでいました。ちょうど同じ時期に少年サンデー*や少年マガジンが創刊されて。父がマンガも好きだったので、それもよく読んでいました。だから手《て》塚治虫《づかおさむ》の漫画《まんが》は、連載《れんさい》で読んでいましたよ。

S　手塚治虫さんを連載《れんさい》で読んでいた時代！　うらやましい（笑）。

N　まさにそれがテレビがわりですよね（笑）。ほかには、父がSF*も好きで、S-Fマガジンは創刊号から読んでいましたし、文《ぶん》藝春秋《げいしゅんじゅう》（当時文藝春秋新社）から漫画讀本《まんがどくほん》という雑誌も発行されて、「ベビーギャング」やちょっと大人向けのマンガなどが載《の》ってい

＊**少年サンデー、少年マガジン**　少年サンデーは小学館、少年マガジンは講談社からそれぞれ1959年に創刊された週刊漫画雑誌。サンデーには、手塚治虫が「スリル博士」を連載、以後「オバケのQ太郎」（藤子不二雄　1964）、「タッチ」（あだち充　1981）、「名探偵コナン」（青山剛昌　1994）など、マガジンには、「巨人の星」（原作：梶原一騎、漫画・漫画原作：川崎のぼる　1966）、「あしたのジョー」（原作：高森朝雄、漫画・漫画原作：ちばてつや　1968）、「金田一少年の事件簿」（原案・原作：天樹征丸、原作：金成陽三郎〈case 2 巻まで〉）、漫画・漫画原作：さとうふみや　1992）などが連載された。

ました。

S　大人向け（笑）。そういうのって、子ども心にもなんか覚えていますよね。

N　そうそう、そういうことしちゃいけないのかなぁって思ったりして、マンガで学んだ（笑）。

S　なるほど。少年少女世界文学全集のなかで今でも覚えている話としてひとつあげるとすれば何がありますか？

N　そうですね。一番をと言われると*「こわがることをおぼえるために旅に出た若者」ですね。とっても鈍感《どんかん》な男の話で、オバケといっしょにどくろを削《けず》って転がしたりしてもなんとも思わないのに、結婚《けっこん》して、夜中に奥《おく》さんに起こされて背中から水をかけられたら〝ゾッとした〟という話（笑）。なんだそんなものなんだと思った。

S　やっぱりそんなものなんだ、と子ども心にも思いましたか？

N　そうそう、鈍感《どんかん》なくせにそんなことでゾッとするなら、最初からそうしてもらえばよかったのに大人ってばかだなぁって。大人と子どもってあんまり境目がないんじゃないって（笑）。ある意味で教訓もあるのかなぁ。

S　子どものうちにそういう本を読んでおくというのは、勉強になりますよね。

N　そうなんですよね。勉強というか予習だよね。大人になるって、ある意味、状況《じょうきょう》を予測するってことだと思うんですよ。

S　状況《じょうきょう》を予測する！　なるほど。そのためには、本を読むということ、すべてを経験するわけにはいかないから、本を読むことで仮想体験ができますね。

N　そう、人生のデータベースをつくるとい

＊**SF小説**　SFは、Science　Fictionの略。空想科学小説。

＊**グリム童話「こわがることをおぼえるために旅に出た若者」**　怖がることを知らない若者が、怖がることを学ぶために旅に出る話。

うか、それがあれば頭でシミュレーションすることに役立つのかもしれないなと思います。

S ある意味では、テレビもスマホもなかった時代ということも関係するのでしょうか？

N 確かにそれはあると思います。自分で想像しないといけなかった。ＳＦ小説を読んで挿絵《さしえ》を見て、それをもとに想像力を駆使《くし》して考える。そういうふうに自分の頭でなんだろうと空想することの楽しさはあったかな。

S そうか、ＳＦって空想、想像の世界ですものね。

N 今はネットで検索《けんさく》できるけれど、自分の知識ではないよね。便利ではあるけど、自分の中にインパクトとして残って先に進む力になるということは少ないのかもしれないね。

S なるほど、確かに。私も小さいころから「サウンド・オブ・ミュージック」*という映画が好きで。父が好きだったこともあって、それを見て、とてもヨーロッパにあこがれて、大学1年の3月に1カ月間ドイツ、オーストリアを実際に旅行したりして。

N あこがれって大事ですよね。

S あこがれとか想像とか。小さい時に想像するという力をつけていくことがいいのかもしれない。妄想《もうそう》ではなく（笑）。そして想像することは、誰《だれ》にも怒《おこ》られない（笑）。

N 想像することは、誰《だれ》にも束縛《そくばく》されない。

S だから、子どものころに遊ぶママゴト遊びとか、大人から隠《かく》れて遊んだりとか、必要なのかもしれないですね。

思春期の思い出

S 中村さん自身、思春期というのはどんな時期でしたか？　時代的にも男性、女性の役

＊「サウンド・オブ・ミュージック」　1965年に公開されたアメリカで製作されたミュージカル映画。オーストリアのザルツブルクを舞台に修道女見習いのマリアとトラップ大佐一家の交流が、ナチスドイツとの戦争を背景に描かれている。劇中で歌われる「ドレミの歌」は有名。

割ってやはり言われました?

N そうですね。私は九州出身ではありますが、あまり男尊女卑《だんそんじょひ》という家庭ではありませんでした。ただ、祖父からは、「長男は大変だからがんばれ」と言われた記憶《きおく》があります。

S うちもあまり男だから女だからと言われたことはないのですが、子どものころ母の実家に行った時。東北ですけれども、男の人と女の人が別々のテーブルで食事をすることや、祖父や長男である伯父《おじ》にはたとえば焼き魚などは大きくてよく焼けた魚を「これはおじいちゃん、これはおじさんに」と配膳《はいぜん》するように言われて、びっくりしたことを覚えています。そして、祖母はお昼の残りのご飯を台所の隅《すみ》でかき込《こ》んでいる。子ども心にこういう生活習慣の違《ちが》いがあることを間近に感じた瞬《しゅん》間《かん》でした。

N うちはそこまではなかったけど、たとえばお風呂《ふろ》に入る順番は男からみたいなのは言われていた。

S そういう時に読んだ本や映画などで印象に残っているのは何かありますか?

N 実はあんまり覚えていないんですよね。中学に入る前ぐらいに家にテレビが来て、テレビのほうが記憶《きおく》にある。特に「タイムトンネル*」というドラマ。そして、そのころテー*

幼少時代について話す鈴木琴子(聞き手)

＊「タイムトンネル」 1966年にアメリカで制作されたタイムトラベルをテーマとしたドラマ。日本では1967年にNHKで放映された。

＊テープレコーダー 磁気テープ状の記録媒体に電気信号を記録、再生する装置。1960年代に開発されたカセットテープと、テープレコーダーにラジオが組み込まれたことにより、ラジオなどの音声録音が簡単にできるようになった。

プレコーダーを買ってもらって、テレビやラジオの音声を録音して遊んでました。NHKテレビのクラシック番組を録音して、聞いて、覚える。好きだったのは、ベートーベンとブラームスかな。

S なぜそんなにクラシックに傾倒《けいとう》していたんでしょう?

N うーん、現実の世界から逃避《とうひ》したかったからでしょうか。やはり、田舎《いなか》に住んでいるというのがいやだったのではないかと今は思いますね。だから、自分の知らない世界、ドイツとか、そういうところに逃避《とうひ》したかったのだろうと。別に学校がおもしろくないということはなかったのですが、自分の世界をつくりたい、そしてそこにいられるという世界が欲しかった。

S それは、とてもよくわかります。私も、思春期のころには自分のこともわかってくるし、人との違《ちが》いとかコンプレックスとか覚えるわけだけれども、逃《に》げたいという気持ちはありましたよね。

N 自分の世界が確立される前の時点だよね。

S そうそう、そんな時に中村さんはクラシック音楽で、私は本でしたね。高校の図書館の本を全部読んでやろうと(笑)。『*源氏物語』は原本対訳を読んでいました。『*夜と霧《きり》』なども。それで結局中村さん自身は、逃避《とうひ》できましたか?

N 結局はできないんだよね。実際には逃避《とうひ》できないした世界で何かをつくり上げることはできないんだよね。実際に音楽をつくり出すとかね。だから自分そのものを認めざるを得ない。

S 自分を認めることができない、変な言い方だけれどもそういう時に逃《に》げてもいいとい

＊『**源氏物語**』　紫式部作。平安時代に成立した全54帖からなる長編小説。主人公光源氏を中心に平安貴族の生活を読むことができる。

＊『**夜と霧**』　ヴィクトール・フランクル著。1946年に出版された。精神科医である著者が、ナチスの強制収容所での経験を記録している。

うか、理想の世界へ逃《に》げるというか模索《もさく》するということがあってもいいのかもしれないですね。

N 時間があるうちに、浸《ひた》れる世界があるっていうことは大事だよね。

S 逃《に》げるというか、理想的な姿を追い求めるというのは、ひとつの方法かもしれない。

N そういう練習なんだよね。大人になるための。

時代背景も影響《えいきょう》

S 社会を知るとか、想像したりとかの続きでね。中学生の時に読んだ本なんですけれども、1970年代って、カンボジアやベトナムの独立戦争が起きていた時期ですよね。そのカンボジアの内戦の実体験を綴《つづ》った＊『カンボジアわが愛』という本があります。母が借りてきたのを読んだのですが、その衝撃《しょうげき》は今でも覚えています。お嫁《よめ》に行った国でそういう極限状態になり、家族を失い、自分も殺されそうになるという経験をしながらも生き延びる。歴史の中の戦争ではなく、私自身が生きている時期にこんなことがあったということと、自分だったらと想像することが怖《こわ》かった。思春期に読んだ本のなかでは、すごくインパクトがあった。そして、怖《こわ》いという思いの半面、人間は強いということを確信したかな。そういう意味では、中村さんにとっては音楽、クラシックということでしょうか。人間の愛とか人生とかを追求した点で。

大人のイメージ

N 子どものころ、大人のイメージって「がまんしなくちゃいけないもの」と思っていた

＊『カンボジアわが愛　生と死の1500日』　内藤泰子著。カンボジア人の外交官と結婚。1975年ポルポト派によるプノンペン陥落後の内戦に巻き込まれ、農村への強制移住や家族を全員失うなど過酷な生活を強いられるが、1979年生還し帰国する。その４年間の経験が克明に記述されている。

んですよね。長男だからとか、がまんすることが増えるのではないかという予感があった。

S　すると、あんまりなりたくない？

N　そうですね。だから大人になったというより、後期思春期（笑）。

S　後期思春期ですか⁉（笑）。でもある意味でいいかも、後期思春期。

N　周囲の期待や自分で勝手につくっていた〝大人〟というイメージに合わせないといけない、一方では合わせたくないという部分もすごく葛藤《かっとう》があったし。

S　親や保護者の期待はないほうがいいですか？

N　そうですね。ないほうがいいというか、子どもはその期待を裏切らないようにしようと無意識にする場合もあるのではないかと思うからね。

今も手元に残る映画やマンガ、文学作品の数々

S　期待と現実の中での兼《か》ね合いが必要？

N　そういう中で、いい先生に恵《めぐ》まれて、周囲の期待と重なる、専門とする学問に出合えたことはよかったのかな。

S　でもその期待というのもやはり長男だからという部分もあったのではないでしょうか？

N　確かに後期思春期なんて言えるのも、男性という立場だったから許されたのかもしれない。

S　私なんかは、大学の時期がちょうど〝女性学〟*とか〝男女雇用《こよう》機会均等法〟*の時期に当たるんですよね。

N　その前には、女性解放運動*とかね。

S　そうそう、その時期、ジャーナリストの千葉《ちば》敦子《あつこ》さんとか、社会学者の上野《うえの》千鶴子《ちずこ》さんとかが現れて。女性がここまで言っていいんだということを鮮烈《せんれつ》に感じました。私自身は両親から、女性だからということで制限されることはなかったのですが、女の子だからという無意識な束縛《そくばく》があったのかもしれません。だから、『ベルサイユのばら』*に感動したのは、それまであまり描《えが》かれなかった男性社会で活躍《かつやく》する男装《だんそう》した女性の姿を描《えが》いていたからかもしれない。もちろんはじめて読んだ子どものころの感想は、ドレスがきれい！とかでしたけれど。

N　ただ、やっぱり大人になるというのは、自分が自分自身でありたいと思うことが大切なのではないでしょうか。ほかの人と比べるとか、人に合わせるとかは重要ではないと思うのです。現代で流行っている自分探しではなくて、自分自身になるために自分の時間を使うっていうことが必要なのではないかな。

＊**女性学**　男性の視点から構築されてきた既存の学問を女性の視点からとらえなおそうとする新しい動き。1970年代にアメリカで始まり、日本では1980年代に創出された。
＊**男女雇用機会均等法**　1985年成立の法律。それ以前には男女で差のあった就業形態、昇進などについて差別を禁止し、平等を規定した。
＊**女性解放運動**　男女差別を解消し、男女の平等の理念を目標とした一連の運動。ここでは、1960年代以降のウーマン・リブや女性学につながる運動を指す。

手当たりしだいに本を読むとかね。大人になるための自分自身のデータベースをつくってもっておくということ、それを温めていくという余裕《よゆう》や意志も必要でしょうね。

S 弊害《へいがい》としては、情報量が多すぎて、データベースが満杯《まんぱい》になりやすいということもありますが。

N すべてを覚えている必要はないのですよね。忘れることも大切。忘れたらまた読み返したりすればいい。

S そしてその中でずっと忘れないデータがある。

N ヘッセの小説は、学生の時に原書で読んだのですが、まだ覚えていますよ。

S 若いうちにデータベースはつくっておこう！（笑）。

老いと成長

S 成長し、年を経て、私たちもだんだん老いという領域に入っていくわけですが、中村さん自身、老いるということを若い時はどう想像していましたか？

N 私の子どものころは、60歳《さい》なんていうとすごく年寄りというように見えたのですがね。私の場合、もうすでにその域に近づいていますが（笑）。

S 実際になってみると、おばあさん、おじいさんとは言われたくないよねという感じですね。

N 現代の老人問題って、どちらかというといわゆる「認知症《しょう》」といった病気として扱《あつか》う部分が多いでしょう。老人自身が培《つちか》ってきた価値観や経験という〃生の伸《の》びしろ〃につい

＊**『ベルサイユのばら』** 1972年から1973年に週刊マーガレットに連載された池田理代子の漫画作品。フランス革命を舞台に、主人公オスカルや実在したフランス王妃マリー・アントワネットなどの生涯を描いている。宝塚歌劇団により舞台化も行われている。

料金受取人払郵便

本郷局承認

3345

差出有効期間
2021年4月30日
まで

郵便はがき

113-8790

(受取人)
東京都文京区本郷1·28·36

株式会社 ぺりかん社

一般書編集部行

購入申込書

※当社刊行物のご注文にご利用ください。

書名		定価[円+税] 部数[部]
書名		定価[円+税] 部数[部]
書名		定価[円+税] 部数[部]

●購入方法をお選び下さい (□にチェック)	□直接購入 (代金引き換えとなります。送料+代引手数料で900円+税が別途かかります) □書店経由 (本状を書店にお渡し下さるか、下欄に書店ご指定の上、ご投函下さい)	番線印(書店使用欄)
書店名		
書店所在地		

書店様へ:本状でお申込みがございましたら、番線印を押印の上ご投函下さい。

※ご購読ありがとうございました。今後の企画・編集の参考にさせていただきますので、ご意見・ご感想をお聞かせください。

アンケートはwebページでも受け付けています。

URL http://www.perikansha.co.jp/qa.html

書名	No.

●この本を何でお知りになりましたか?

□書店で見て　□図書館で見て　□先生に勧められて

□DMで　□インターネットで

□その他 [　　　　　　　　　　]

●この本へのご感想をお聞かせください

・内容のわかりやすさは?　□難しい　□ちょうどよい　□やさしい

・文章・漢字の量は?　□多い　□普通　□少ない

・文字の大きさは?　□大きい　□ちょうどよい　□小さい

・カバーデザインやページレイアウトは?　□好き　□普通　□嫌い

・この本でよかった項目 [　　　　　　　　　　]

・この本で悪かった項目 [　　　　　　　　　　]

●興味のある分野を教えてください(あてはまる項目に○。複数回答可)。
また、シリーズに入れてほしい職業は?

医療　福祉　教育　子ども　動植物　機械・電気・化学　乗り物　宇宙　建築　環境

食　旅行　Web・ゲーム・アニメ　美容　スポーツ　ファッション・アート　マスコミ

音楽　ビジネス・経営　語学　公務員　政治・法律　その他

シリーズに入れてほしい職業 [　　　　　　　　　　]

●進路を考えるときに知りたいことはどんなことですか?

[　　　　　　　　　　]

●今後、どのようなテーマ・内容の本が読みたいですか?

[　　　　　　　　　　]

お名前	ふりがな [　歳] [男・女]	学校名・ご職業	
ご住所	〒[　　－　　]　TEL.[　　－　　－　　]		
お買上書店名	市・区 町・村　書店		

ご協力ありがとうございました。詳しくお書きいただいた方には抽選で粗品を進呈いたします。

心に残る作品との出合いは一生の宝物

てはあまり取り上げることがないですよね。最初に出てきたライフステージという視点からは、もっとそういうことを考えてもいいのかなと思います。そういう意味では、偏屈《へんくつ》な価値観をもつ老人というのも好きです。「ノスタルジア」*というソビエト連邦《れんぽう》（当時）の映画があるのですが、映画の中で準《じゅん》主人公の老人は、他人から見ればおかしいことでも、それぞれに価値があるという。そして最後には寛容《かんよう》な社会ではないと言って焼け死んでいくというシーンが印象的です。

S そういった価値観をもつことが、若い時から老いるまでにすることとも言えるのかもしれないですね。頑固《がんこ》であることとは違《ちが》って。そして、先程の映画で寛容《かんよう》ではないというセリフが出てきますが、まさに現代社会は不寛《ふかん》容《よう》社会という人もいます。言うならば価値観

＊「ノスタルジア」 1983年に製作された、イタリア・ソ連合作映画。死期の迫った主人公が、取材旅行の中で、世界の終末を信じ、家族を守るために7年間幽閉している老人に出会う。その後、その老人の最期や主人公の最期が描かれる。

の押《お》しつけ。

N そうそう。

S だから、おたがいの価値を理解する寛容《かんよう》さを身につけていくことが大事で、老いというのも受け入れていくという寛容《かんよう》さにつながっていくのかもしれないですね。

N 今の世の中では、老いはネガティブなんですよね。

S 本当はそうじゃないのかもしれない。

N 私の専門の公衆衛生にも共通するのですが、生活に結びついて平和にすること、それを男性女性に関係なくかかわっていくこと、それが大人なのかもしれないですね。

S 若い時にはデータベースを蓄積《ちくせき》して価値観を練り、寛容《かんよう》さを身につけていくのが老いなのかもしれません。まさに老人学でいう加《か》齢《れい》というのは、発達であるということですね。

N 身体的な能力というのは限られていくけれども、感性というのはずっと維持《いじ》できるから。

S もしかするとマンガの『いじわるばあさん』*というのは、いちばんはりきって老いをやっているのかもしれないですね。

N 見本かもしれません（笑）。

S この対談では、人の一生について本や映画から読み解くというのがテーマでしたが、オチはいじわるばあさんでした。いじわるばあさんがやっている〝意地悪〟ってある意味、いろいろな知識がないとできないことですよね。

N 機知に富んでいる！

S みんなで将来はいじわるばあさん、じいさんになろう！（爆笑《ばくしょう》）。

＊**『いじわるばあさん』** 長谷川町子作。1966年から1971年までサンデー毎日に掲載された４コマ漫画。主人公の伊知割石（イジワルイシ）が、さまざまないたずらやいじわるをして、周囲の人を困らせる話。テレビドラマ化もされている。

3章

性の悩み・不安

月経＝不快？　面倒？

月経のたびにお腹が痛い、頭が痛い、イライラする……

月経は健康のバロメーター

女子に起こる月経は、体がきちんと活動している健康のバロメーターとしての役割があります。しかし、月経のたびにお腹が痛い、頭が痛い、イライラする、そんな症状《しょうじょう》に悩《なや》まされては、いくら健康だから、大切なことだからとはいえ、イヤになってしまいますね。月経が来るたびに「女子って損だ」と思っていても、しかたがありません。だからこそ、月経にともなう不快な症状《しょうじょう》のことを知っておきませんか？

月経の不快な症状《しょうじょう》には、月経が始まる前に起こる月経前症候群《しょうこうぐん》（Premenstrual Syndrome PMS）と月経とともに起こる月経困難症《こんなんしょう》があります。

月経前症候群《しょうこうぐん》は、「月経が前3～10日間続く精神的あるいは身体的症状《しょうじょう》で、月経開始ともに軽快ないし消失するもの」と日本産科婦人科学会《にほんさんかふじんかがっかい》では定義しています。13ページ図表1のような症状《しょうじょう》がありますが、すべて当てはまるという人もいれば、二つか三つ程度という人もいて、さまざまです。その原因も、ホルモンのバランスとされたり、ストレスから来るものとも言われたりしていますが、なぜ起こるのかはよくわかっていません。また、PMSの重症《じゅうしょう》型として月経前不快気分障害（Premenstrual Dysphoric Disorder PMDD）という重度な抑《よく》うつをともなう症状《しょうじょう》も最近では認められるようになりました。

月経困難症《こんなんしょう》は、下腹部痛や腰痛（月経痛、生理痛ともいいます）を主な訴《うった》えとする症《しょう》状《じょう》の総称《そうしょう》です。痛みとともにイライラや疲《つか》れやすさが生じる場合もあります。月経困難《こんなん》症《しょう》のために学校や会社に行けない、一日中ベッドの中で耐《た》えるしかない、など月経中は日常に支障《ししょう》を来たすほど辛《つら》いという人もいます。月経困難症《こんなんしょう》は、15～25歳《さい》で多く起こる、原因となる疾患《しっかん》を認めない場合（機能性月経困難症《こんなんしょう》といいます）と子宮筋腫《きんしゅ》や子宮内膜症《ないまくしょう》が原因で起こる場合（器質性月経困難症《こんなんしょう》。30歳《さい》以降の発症《はっしょう》が多いようです）があります。

市販《しはん》の鎮痛剤《ちんつうざい》を服用する場合は、痛みが強くなる前に飲んでください。「ときどき、鎮《ちん》痛剤《つうざい》が効かないことがある」と心配する人もいますが、痛くなった時ではなく「今回は痛くなりそう」という時に飲むことが、実は大切なのです。

痛みをやわらげるには

症状《しょうじょう》があまりにも辛《つら》い場合は、まず婦人科を受診《じゅしん》しましょう。特に月経困難症《こんなんしょう》で生活や仕事に支障《ししょう》が出るほどの痛みがある場合は、子宮内膜症《ないまくしょう》などの病気がないかどうかきちんと確認してください。ふだんの生活における対処方法として、まず食事や睡眠《すいみん》をきちんととり、生活を整えることが大切です。特に、体を冷やさないことが、不快症状《しょうじょう》をやわらげる方法です。体を温めるような下着や衣服を身につけること、痛みがある時に下腹部や腰《こし》を使い切りカイロなどで温めることが有効です。また、夏場は暑いので薄着《うすぎ》をしたり、冷たい飲み物をたくさん摂取《せっしゅ》しがちですが、エアコンや冷たい飲み物が体を冷やしてしまうこともあるので気をつけてください。また、月経に対する不安も不快症状《しょうじょう》が増す原因にもなりますので、ぜひ月経の記録をつけてください。単にいつからいつまであったという周期だけではなく、いつどんなふうに月経痛やイライラが起きるのかを記録しておけば、つぎの月経にともなう症状《しょうじょう》が予測でき、少し気持ちが楽になるでしょう。

月経時の不快感には、ナプキンによるかぶれもあります。月経の手当てとして、「生理用ナプキン」を使っていると思います。人によっては、ナプキンを使うことによって外陰《がいいん》部《ぶ》が蒸れてしまい、かゆみや痛みが出て辛《つら》く、このために月経がイヤという人もいます。

そのような人は、布で作られた「布ナプキン」を使うのもいいでしょう。生理用ナプキンのように成形されているもの、ハンカチぐらいの大きさに布をたたんで、経血の量に合わせて使うものなどいろいろな布ナプキンが販売《はんばい》されています。自分で作ることもできますよ。もちろん、使用した後は、洗ってまた使います。今は、いろいろな布ナプキンに関するサイトがありますので、ぜひ検索《けんさく》してみてください。

最後に、月経にともなう不快な症状《しょうじょう》は、14ページにも書きましたが、女性同士でも辛《つら》いと感じる人とまったく感じない人がいます。強く症状《しょうじょう》が出る人は、自分の体がおかしいとか、自分に耐《た》える根性がないからだ、などと決して思わないでください。現代では、医療《いりょう》をはじめとするいろいろな対処方法があります。わからない時には専門機関のホームページや電話相談を活用して情報を集めましょう。女子のみなさんは、月経とのつきあいはこれから何十年にもなります。ぜひ、自分に合った方法を探して、積極的にしなやかに対応していきましょう。

（東京学芸大学　鈴木琴子）

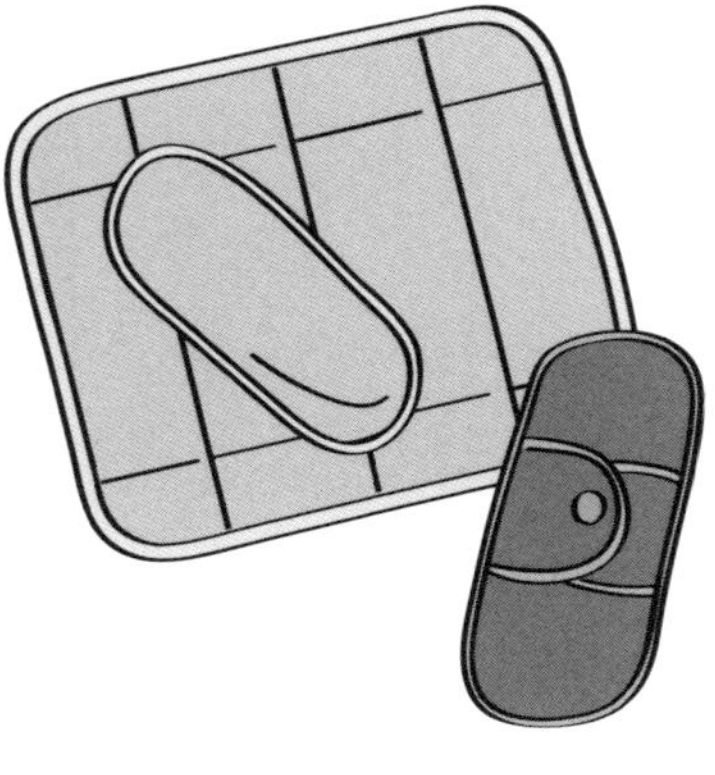

性感染症は予防できる！不安になったら病院へ

10代や20代に増えている「性感染症《せいかんせんしょう》」

結核《けっかく》やインフルエンザ、はしか（麻疹《ましん》）という感染症《かんせんしょう》について、聞いたことはありますよね。現在の日本では、衛生環境《かんきょう》が整ったことや抗生剤《こうせいざい》の開発と使用などの医療《いりょう》の向上により、多くの感染症《かんせんしょう》は、病気全体の割合から見るととても少なくなりました。しかし、セックスなどの性的な行為《こうい》でうつる「性感染症《せいかんせんしょう》」は、実は日本では現在、増えてきているのです。特に、10代から20代の人でかかる人が増えてきています。

性感染症《せいかんせんしょう》という名前からして、風邪《かぜ》などと違《ちが》って、日常生活の中で正面切って話しづらい病気ですよね。隠《かく》れた感染症《かんせんしょう》といってもよいのです。１０１ページからは、細菌《さいきん》研究者のサトシ叔父《おじ》さんと、甥《おい》のトオルくんの会話が始まります。いっしょに性感染症《せいかんせんしょう》について見ていきましょう。

皮膚《ひふ》や粘膜《ねんまく》を介《かい》してうつる病気

トオル（以下、T） 叔父《おじ》さんは、細菌《さいきん》のことやうつる病気のことと か調べる研究者なんだよね。エッチすることでうつる病気があるって学校の授業で聞いたんだけど、ほんとうにそういうことがあるの？

サトシ（以下、S） どんなことを習ったの？

T 梅毒とかクラミジアとか、防ぐにはコンドームを使うとか。

S ちゃんと習っているね。

T でも、わからないこともあって。スマホでは調べてみたんだけど。

S そうか、それはとてもいいことだと思うよ。今は簡単にネットで調べることができるから、性感染症《せいかんせんしょう》に関する知識は得られるだろうね。だけど、科学的根拠《こんきょ》のない記事もあるし、時には何が本当なのかなというような内容もあるよね。

T そう。だから、叔父《おじ》さんに聞いてみようと思って。

S そう考えてくれて、うれしいね。君ぐらいの思春期の子どもたちにとって知っておいてほしいことを話そうか。感染症《かんせんしょう》という病気はわかる？

T　うつる病気っていうこと？

S　そう、ウイルスや細菌《さいきん》など、これらは病原微生物《びせいぶつ》とか病原体というのだけど、それが皮膚《ひふ》や粘膜《ねんまく》から直接入ってきて、その場にとどまって増えてしまう状態を感染というんだ。その後で、病原体によってさまざまな症状《しょうじょう》が出た状態のことを感染症《かんせんしょう》と言うんだよ。だから感染はしていても、潜伏期《せんぷくき》といって症状《しょうじょう》が出るまでに時間がかかったり、場合によっては症状《しょうじょう》が出ないこともある。まずしっかりと知っておいてほしいのはクラミジアが原因となる病気についてだね。教科書にも載《の》っていると思うけど。

T　うん、それはあった、あった！　その言葉、見たことあるよ。

S　**性器クラミジア感染症《かんせんしょう》**というのが正しい言い方なんだ。なぜ性器がつくかというと、理由がある。叔父《おじ》さんや、トオルのお父さんが小さかったころは、**トラコーマ**と呼ばれる目の感染症《かんせんしょう》がまだ多く残っていた時代だったんだよ。トラコーマは、性器クラミジアと同じ原因で起きる病気なんだよ。トラコーマは病原体のクラミジア（*Chlamydia trachomatis*）が、目に直接感染してひどい結膜炎《けつまくえん》を起こして、目ヤニ、膿《うみ》がたくさん出るので目が開けられなかったりする。抗生《こうせい》物質が今のように手軽に使えない時代は、日常の代表的な伝染病のひとつとして恐《おそ》れられていたんだよ。だから、そのころ、トオルのおばあちゃんは、家の中で使う手ぬぐいやハンカチをみんなが使い回しをしないように、ずいぶん気

図表9 性感染症の病原体と感染にかかわる要因、予防法

性感染症名	病原体の種類	病原体の名前	感染行為	媒介する体成分	予防法
梅毒	細菌	トレポネーマ・パリダム	性交や粘膜・病巣との接触	膿、唾液	コンドーム
淋病	細菌	ナイセリア・ゴノレア	性交や粘膜・病巣との接触	膿、唾液	コンドーム
軟性下疳	細菌	ヘモフィルス・デュクレイ	性交や粘膜・病巣との接触	膿、唾液	コンドーム
性器クラミジア感染症	クラミジア	クラミジア・トラコマティス	性交や粘膜・病巣との接触	膿、唾液	コンドーム
尖圭コンジローマ	ウイルス	単純ヘルペス	性交や粘膜・病巣との接触	膿、唾液	コンドーム
AIDS/HIV 感染症	ウイルス	ヒト免疫不全ウイルス	性交、輸血	血液、精液	コンドーム
ウイルス性肝炎	ウイルス	肝炎ウイルス	性交、輸血	血液、糞便	コンドーム
赤痢アメーバ症	原生動物	赤痢アメーバ	肛門—口唇 肛門性交	糞便	コンドーム

をつけていたと話してたなぁ。

T なんで、そんなことに気を使うの？

S それはね。てぬぐいやハンカチを使い回すと、そこについている細菌《さいきん》やウイルスがほかの人にうつってしまうからなんだ。おばあちゃんのとった行動は、インフルエンザがはやっている時にみんながマスクを使うことと同じだね。こういう行動をなんていうか覚えてるかな？保健の授業で習ったと思うよ。

T えっと、予防って言っていたかな？

S そうそう。感染症《かんせんしょう》に対する現代の医療《いりょう》の考え方は、感染症《かんせんしょう》の有無にかかわらず人間の体から出るすべての体液、血液や膿《うみ》、唾液《だえき》、精液、女性の膣分泌物《ちつぶんぴつぶつ》、汗《あせ》など皮《ひ》膚《ふ》の分泌物《ぶんぴつぶつ》やそれらが付着した物品のすべてに対して、病原体で汚染《おせん》されたものとみなして対処するんだよ。このような考え方で感染症《かんせんしょう》が拡大しないように予防処置を行うことを〝スタンダードプリコーション〟と言うんだ

よ。日本語では〝標準予防策〟と言ってる。

T へぇー、そうなんだ。

感染を予防するには

S さっき話したクラミジアは、昔《むかし》は感染している人から直接、ほかの人の目にうつって結膜炎《けつまくえん》を起こしていたわけ。現代は、性的な交渉《こうしょう》で、性器、口腔《こうくう》や喉《のど》に感染し、そこで炎《えん》症《しょう》を起こして膿《うみ》や唾液《だえき》やおしっこに病原体が出てくる。その状態の人がセックスをすると、セックスをしている相手にも感染するんだ。ただし、今話しているクラミジア感染に関しては、炎症《えんしょう》が比較的《ひかくてき》穏《おだ》やかで、無症状《むしょうじょう》のことも多い。それで、感染に気付かずにパートナーへと、この病気が広がっていくんだよ。パートナーが女性で感染している場合、男性に比べて自覚症状《しょうじょう》がない場合が多いようだよ。わからないからと放置しておくと卵管に炎症《えんしょう》を起こす卵管炎《らんかんえん》を起こし、不妊症《ふにんしょう》になることもあるから気をつけないといけない。

T じゃ、どうしたらいいの?

S これは、すべての性感染症《せいかんせんしょう》に言えるけれど、セックスをする時にはコンドームを使用することは基本だよね。経口避妊薬《ひにん》(ピル)は、避妊《ひにん》法としてはいいけれど、感染症《かんせんしょう》の予防にはならないことも覚えておいてほしい。

T そういう話ってちょっとなんかはずかしいよね……。

S そうだね。セックスがかかわることって言いにくい気持ちはあると思う。興味はあるけどはずかしいってね。でも、実はすごく大切なことで、セックスに興味がある思春期の子たちにはきちんと知っておいてほしいな。はずかしいって思っていてもいいからね。だから、君が教えてほしいと言ってきたことはとても偉《えら》いと思う。

T う〜ん。

S セックスするパートナー同士、おたがいに性感染症《せいかんせんしょう》にかかっていないか隠《かく》し立てのない関係性が必要だよ。君は大切なパートナーを病気にしたくないし、自分もかかりたくないよね。そういう対等な関係性って大切なんだよ。それに、将来子孫をつくっていく人と考えたら、自分の子どもや孫に性感染症《せいかんせんしょう》による災いを及《およ》ぼしたくはないよね。だから、セックスを経験している人は定期的に検査が必要になる。検査をすると同時に複数の病原体が見つかることも、ふつうにあるよ。さっきのクラミジアが**淋菌**《りんきん》といっしょに見つかったりすることもあるんだよ。

T 淋菌《りんきん》というのも教科書に載《の》っていたと思うよ。

S そう、**淋菌感染症**《りんきんかんせんしょう》、もしくは**淋病**《りんびょう》とも言うね。これは、性器クラミジア感染症《かんせんしょう》と同じくらい一般《いっぱん》には多い性感染症《せいかんせんしょう》だよ。原因となるのは淋菌《りんきん》（*Neisseria gonorrhoeae*）とよば

れる細菌《さいきん》だよ。この病気がうつるのは無防備な性交や性行動による場合だけといってよいだろうね。一回のセックスでうつる確率は30%ともいわれているからね。症状《しょうじょう》は、男性の場合、尿道《にょうどう》の粘膜《ねんまく》が菌《きん》に侵《おか》されることで炎症《えんしょう》が起き、菌《きん》が感染してから1週間ほどのあいだに、おしっこの出口でかゆみがあったり、おしっこを出す時に痛みがあったりする。炎症《えんしょう》がひどくなることで濁《にご》った膿《うみ》がペニスの先からしみ出してくるわけだ。

女性の場合は、もちろん性交による感染がほとんどだ。尿道《にょうどう》の長い男性と異なり子宮頸管《けいかん》の炎症《えんしょう》を起こすけれど、多くは無症状《むしょうじょう》のまま、保菌者《ほきんしゃ》となることが多いので注意が必要だよ。それから近年、日本でも口《こう》腔《くう》内で淋菌《りんきん》の感染が増加してきていることを知っておいてほしい。これはオーラルセックス*を通じて淋菌《りんきん》の感染が広がっているためだと考えられているんだよ。

＊ **オーラルセックス**　口腔性交といわれる方法。口や舌を使って相手の性器や肛門を刺激する行為のこと。

感染している女性から胎児《たいじ》にうつることも

T なんだかいろいろあって、難しそうだね……。

S そうだね。でも知らないと予防もできないからね。もうひとつ知っておいてほしい感《かん》染症《せんしょう》に、**梅毒**がある。梅毒は、昔《むかし》は多い性感染症《せいかんせんしょう》だった。でも、最近の調査で2013年ぐらいから若い人のあいだでも、再び急激《きゅうげき》に増えてきていることがわかったんだよ。梅毒トレポネーマ（*Treponema pallidum*）という細菌《さいきん》が、皮膚《ひふ》や粘膜《ねんまく》の小さな傷から侵入《しんにゅう》して起こる。感染すると通常は、3〜4週間後に菌《きん》が侵入《しんにゅう》した場所に初期硬結《こうけつ》*と呼ばれるおできをつくる。また、局所のリンパ節が腫《は》れたりする。このようなおできは痛みがなくて、そのうちに治ってしまう。だけど、その中にいる菌《きん》はその後、血流を介《かい》して全身に行きわたり、感染後約3カ月のうちに全身の皮膚《ひふ》や粘膜《ねんまく》に特徴的《とくちょうてき》*な発疹《ほっしん》や骨、関節の変化が起きてくる。

ふつうは、このような症状《しょうじょう》が出てくる時点で気がつくよね。そうなったら早急に治療《ちりょう》を始めなくてはならない。感染している女性が、妊娠《にんしん》した場合は、胎内《たいない》の赤ちゃんにも感染が起きる。すると赤ちゃんには先天性梅毒という死産、早産、新生児死亡、先天異常が起こることがあるんだよ。

＊**初期硬結**　耳たぶの軟骨ほどの硬さのしこりで、数週間で中心部が崩れた潰瘍となって治癒する。しかし、その潰瘍部分には梅毒トレポネーマが多く含まれ感染源となる。このおできは、感染の初期（第１期）の典型的な症状。

＊**特徴的な発疹**　感染第２期の典型的な症状でバラ疹や丘疹とよばれる。バラ疹は、手・手のひら・足を含め全身の皮膚に５〜２㎜径のピンクから赤色のバラの花びら大までの発疹ができる。また、丘疹は粘膜上にできる発疹が融合したもので、これらの発疹には多数の梅毒トレポネーマが含まれていて感染源となる。

T　赤ちゃんにまで影響《えいきょう》しちゃうなんて、怖《こわ》いねぇ！　誰《だれ》かに相談すべきだよね。

S　その通り！　学校では担任の先生や養護教諭《きょうゆ》、保健・体育の先生、カウンセラーもいるし、悩《なや》みを聞いてくれると思う。でも、直接相談しにくい場合もあるかもしれないね。

T　叔父《おじ》さんのように気軽に話せる人がいればいいのだけれどね。

S　さっき、トオルがネットでも性感染症《せいかんせんしょう》のことを探して調べたように、匿名《とくめい》で相談できるサイトもある。保健所や市区町村の健康課など、性感染症《せいかんせんしょう》の相談に応じてくれる窓口もあるからね。特に保健所では無料で性感染症《せいかんせんしょう》の検査を行ってくれるところも多いよ。プライバシーはちゃんと守ってくれるから、直接相談することも可能だよ。

T　そうか、わかった。保健所だね。でも、感染のことを考えると病気の原因になるものが、どこにでもくっついていそうで怖《こわ》くなっちゃうね。いつも使っているまわりの物も消毒しなくちゃいけないの？

S　いや、そんなになんでも恐《おそ》れることはないよ。現在は学校や家庭で手洗いをきちんとすること、清潔なものを身につけること、マスクやせきエチケットなど予防方法も教わっているんだから、必要以上に消毒や抗菌《こうきん》をしなくてもだいじょうぶだよ。免疫《めんえき》という感染《かんせん》症《しょう》に対処するシステムが体にあることは知っているよね。だから、大きな傷がある場合や濃厚《のうこう》な性交渉《こうしょう》は別として、ふつうの人の健康な皮膚《ひふ》からは、簡単には病原体が感染するわけではないよ。たとえば梅毒トレポネーマは、温度や湿《しっ》度《ど》の変化に弱いし、殺菌剤《さっきんざい》でも簡単に死滅《しめつ》するし、健康な皮膚から直接感染することはない。

ただ、性交時にはおたがいに性感染症《せいかんせんしょう》をもっていないことがわからない場合がある。相手への感染を防ぐためにも衛生的な配慮《はいりょ》と必ずコンドームを使用することが、とても重要になると思うよ。

そして、感染したかなと思ったら、怖《こわ》がらずに相談をすること、あるいは病院を受診《じゅしん》してほしいな。

T　なるほどね。安心したよ。ありがとう、叔父《おじ》さん。

S　ほかにも**性器ヘルペスウィルス感染症《かんせんしょう》**や**尖圭《せんけい》コンジローマ**、**性器カンジダ症《しょう》**、**AIDS／HIV感染症《かんせんしょう》**という性感染症《かんせんしょう》がある（図表9・10参照）。ぜひ確認しておいてほしいね。

（広《ひろ》島《しま》文《ぶん》化《か》学《がく》園《えん》大学　中村《なかむら》哲《さとし》）

図表10　性感染症一般に関する役立つサイト

●国立感染症研究所「性感染症」

https://www.niid.go.jp/niid/ja/route/std.html

（トップページの「感染症情報」から「感染源や特徴で探す」→「性感染症」をクリック。性器ヘルペスウイルス感染症、尖圭コンジローマなどが紹介されています。）

https://www.niid.go.jp/niid/ja/route/std.html

●東京都保健福祉局「性感染症ナビ」

http://www.fukushihoken.metro.tokyo.jp/seikansensho/knowledge/index.html

梅毒、性器カンジダ症などが紹介されています。

http://www.fukushihoken.metro.tokyo.jp/seikansensho/

悩みを一人でかかえ込まないで

病院やクリニックを受診することは自分の不安に向き合っている証し

どんな時に不安になる？

「性」に関することでみなさんが、不思議に思ったり、悩《なや》んだり、不安になるのはどんな時でしょうか。

たとえば、自分の体に関することとしては、思春期における生理的な変化（体や生殖器《せいしょくき》の大きな変化）の時。反対に、その時期に変化が見られなくて、不安になる場合もあります。また、自認している性と体の性別が異なる場合もあります。思春期は急激《きゅうげき》に体も変化していき、はじめて体験するダイナミックな変化に悩《なや》みや不安が強くなる時期といえます。

性行為《せいこうい》に関することとしては、マスターベーションやセックスがあげられます。セックスに関連して、性感染症《せいかんせんしょう》や妊娠《にんしん》への悩《なや》みや不安を抱《いだ》く場合もあるでしょう。性の相手とのかかわりの中で、自分の気持ちや思いを無視されたり、相手にコントロールされるような場合もあるでしょう。

今、紹介《しょうかい》した以外にも「性」に関する悩みや不安を感じることはあると思います。自分の体に起きていることに心配があれば、一人でかかえ込《こ》まずに相談してほしいと思います。

信頼《しんらい》できる人に話してみよう

「性」に関することを、まわりに話したり相談することは、とてもハードルが高いことです。自分が「性」のことで悩《なや》んだり不安を抱《いだ》いていることを、「絶対にまわりの人に知られたくない」と思うことは、自然な気持ちだと思います。それほどに「性」は、個人的なものであり、自分という人間の基盤《きばん》になる重要なものだからです。しかし、性に関する疑問や悩《なや》み、不安は、一人で解決することが難しいことも事実です。「はじめての体験」が連続して押《お》し寄せ、悩《なや》みや不安の波に飲み込《こ》まれそうになるかもしれません。

そのような時は、自分が信頼《しんらい》できる人に話してほしいと思います。信じて頼《たよ》れる人に、勇気を出して話してほしいのです。あなたの話に耳を傾《かたむ》けて聞いてくれる人、真剣《しんけん》に聞いてくれる人を見つけてほしいと思います。それはもしかしたら、保護者や学校の先生、養護教諭《きょうゆ》（保健室の先生）、習い事の先生、友だち、知り合いかもしれません。自分のアンテナを張って、この人に聞いてほしいという人を選んでください。今、自分のまわりには信頼《しんらい》できる人がいないという場合は、付録の相談先一覧を参考にして、ぜひ相談してみましょう。電話やメールでも相談できるところがあります。

悩《なや》みを打ち明けられた時のお願い

もし、あなたが「性」に関する相談を受けたり、打ち明けられたりした時は、「勇気を出して、打ち明けてくれてありがとう」と相手に伝えてください。絶対に、茶化したり、「そんなこと」と言わないでください。このような態度は、勇気をもって話してくれた人を深く傷つけることになります。秘密を守るという姿勢も必要です。耳を傾《かたむ》けて話を聞いてほしいです。「本人がどうしたいのか」という気持ちを大切にしてください。

でも、相談されたからといって「全部自分でなんとかしなくては」とかかえ込《こ》まないでください。今、自分にできることを相手に伝えることも必要です。専門の相談先をいっしょに探したり、提案したりしてほしいと思います。

産婦人科や泌尿器科《ひにょうき》は怖《こわ》くない

病院に行く必要がある場合には、早めに受診《じゅしん》しましょう。女性の性感染症《せいかんせんしょう》や妊娠《にんしん》の場合は、産婦人科を受診《じゅしん》します。内診台《ないしんだい》や検査を想像して、緊張《きんちょう》でドキドキするかもしれません。受診《じゅしん》するにも勇気が必要かもしれません。今は、女性のお医者さんを選ぶことができたり、ていねいに相談に乗ってくれる病院もあります。

男性の性感染症《せいかんせんしょう》に関しては、泌尿器科《ひにょうき》を受診《じゅしん》します。125ページ図表12のような相談先で、ふさわしい病院やクリニックを教えてくれることもあります。また、病院を受診《じゅしん》するさいは、健康保険証、診察《しんさつ》代や薬代が必要になります。事前におおよその金額を聞くなどして調べて、準備していくとよいでしょう。

病院やクリニックは、自分の体や心の心配なところを検査したり治療《ちりょう》したりする場所です。受診《じゅしん》することは、はずかしいことでも悪いことでもありません。自分の体への不安や悩《なや》みにきちんと向き合おうとしている証しです。ぜひ、受診《じゅしん》しましょう。

自分の体は自分のものです。あたりまえのことのようですが、このことを決して忘れないでください。そして、「性」は、とても個人的なものであり、私たち一人ひとりにとって「自分」をつくる重要なものです。自分自身の「性」を大切にしてほしいと思います。

（東京有明医療大学《とうきょうありあけいりょう》　家吉望み《いえよしのぞ》）

月経（生理）などの悩みは産婦人科。自分の体の声をキャッチして

高校2年生　カオリさん*

最初は、生理の痛み

カオリさんは、16歳《さい》の高校2年生。東京都内の高校に通っていて、水泳部に所属しています。最近、月経痛（生理痛）がひどくなり、生理中は薬局で購入《こうにゅう》した鎮痛剤《ちんつうざい》を内服していました。しかし、ここ2カ月、痛みがひどい時は、動けなくなったり、冷や汗《あせ》が出たり、吐《は》き気を催《もよお》すことがあり、保健室で休むことがありました。生理周期も不規則なことが多く、長い時は3カ月くらい来ないこともあります。保健室の先生に「一度、産婦人科を受《じゅ》診《しん》したほうが良いかもね」とアドバイスをされました。

駅前に産婦人科があったことを思い出しましたが、「妊娠《にんしん》したら行くところというイメ

＊「はじめての受診1・2」は、筆者・家吉望みが実際に起こりうる事例をもとに構成しています。

ージだし、誰《だれ》かに見られるかもしれないし。はずかしいし、どうしよう……」と悩《なや》んでいました。カオリさんは、母に「最近生理痛がひどくて辛《つら》いことがある」と話し、相談して産婦人科を受診《じゅしん》することにしました。母が子宮がん検診に通っている産婦人科です。受診当日は保険証と診察《しんさつ》代金を準備し、母といっしょにドキドキしながら向かいました。

はじめての産婦人科

カオリさんが産婦人科に行くと、問診票《もんしんひょう》を記載《きさい》するように助産師に言われました。待合室で問診票《もんしんひょう》を記載《きさい》しながら、心配事に関する項目《こうもく》の「生理痛」に○をつけ、最終生理日、生理周期、生理痛の程度と期間、使用している鎮痛剤《ちんつうざい》を記載《きさい》しました。問診票《もんしんひょう》には、「性《せい》交渉《こうしょう》の経験はありますか」「性感染症《せいかんせんしょう》が心配ですか」という項目《こうもく》がありました。母が横にいるため、〃どうしよう。見られちゃう〃と思い、記入に戸惑《とまど》いました。急いで項目《こうもく》を記入して、助産師に問診票《もんしんひょう》を渡《わた》しました。

その後、助産師から声をかけられ、個室に呼ばれました。そこで、問診票《もんしんひょう》の内容の確認が行われました。「性交渉《せいこうしょう》の経験」について確認された時、カオリさんは、なぜそのことを聞くのかな？ と疑問に思いました。すると、「性交渉《せいこうしょう》の経験の有無によって診察《しんさつ》方法を医師が検討します。性感染症《せいかんせんしょう》のリスクも状《じょう》況《きょう》によって変わってくるため検査項目《こうもく》も変わってきます」と説明を受けました。

カオリさんは、性交渉《せいこうしょう》の経験がなかったので、内診《ないしん》や*経腟《けいちつ》超音波検査ではなく、*経腹超音波《ちょうおんぱ》検査を受けることになりました。検査方法や診察《しんさつ》内容について説明され、医師の

＊**経腟超音波検査**　内診台に座った姿勢で、腟内に専用の経腟プローブ（細長い棒状の機械）を入れて、子宮内部や卵巣のようすを観察する検査。モニター画面に子宮や卵巣などの画像が映し出される。

＊**経腹超音波検査**　通常の診察台（ベッド型）に横になり、お腹の上から専用の経腹プローブを当てて観察を行う検査方法。横になりお腹を出し、お腹にゼリーを塗る。モニター画面に腹内の画像が映し出される。

診察《しんさつ》を受けました。

診察《しんさつ》の結果、卵巣や子宮に問題はなく、月経困難症《こんなんしょう》であると診断《しんだん》されました。生理痛対策のアドバイスを受け、鎮痛剤《ちんつうざい》が処方されました。ピルの内服については今後の経過を見ながら医師と相談していくことになりました。

カオリさんは、医師から「『月経困難症《こんなんしょう》』は、思春期では子宮や卵巣《らんそう》が未熟なため、子宮を収縮させるホルモンによって過剰《かじょう》に子宮収縮が起こり、月経痛がひどくなることがある。月経困難症《こんなんしょう》は、原因によっては、放っておくと将来、不妊症《ふにんしょう》になることもある」と聞き、今回、勇気を出して受診《じゅしん》してよかったと思いました。今後も定期的に受診《じゅしん》し、相談をしながら経過を見ていこうと考えました。

自分の体の声をキャッチしよう

「産婦人科」と聞くと、みなさんは何を連想しますか？　カオリさんも最初は、「妊娠《にんしん》したら行くところ」「内診台《ないしんだい》に上がるのははずかしくてイヤ」「まわりの人になんて思われるだろう」と考えていましたね。〝少しの勇気〟を出すことで、カオリさんは受診《じゅしん》することができました。

風邪《かぜ》をひいたら内科を受診《じゅしん》する、目が赤くなったり調子が悪い時は眼科を受診《じゅしん》する、といったように、女性の体特有の病気や不調……たとえば、生理痛や生理不順、いつもと違《ちが》う帯下《たいげ》（おりもの）、不正性器出血（生理とは関係ない出血）、妊娠《にんしん》したかもしれない場合などは、産婦人科を受診《じゅしん》することはふつうのことです。

内診《ないしん》では、膣《ちつ》内に指（2本程度）を入れ、もう片方の手はお腹にあて、子宮の位置や形、硬《かた》さ、卵巣《らんそう》の腫《は》れなどを診察《しんさつ》します。大き目のリクライニングチェアのような、専用の診《しん》察《さつ》台（内診《ないしん》台）に座って行われます。診察《しんさつ》台には両脚を開く姿勢がとれる足台がついています。最近は、座ると自動で回転しながら診《しん》察《さつ》姿勢になる内診《ないしん》台もあります。内診《ないしん》台に乗る時には、ショーツは脱いで座ります。リラックスしたほうが良いので、緊張《きんちょう》しているなと思ったら深呼吸することがお勧めです。

内診《ないしん》の時には、器具を用いて膣《ちつ》や子宮頸管《けいかん》の異常の有無を見る診察《しんさつ》や、おりものなどの膣《ちつ》や子宮頸管《けいかん》の分泌《ぶんぴつ》物を採取する検査、細胞を採取する子宮頸《けい》がん検査などがいっしょに行われることもあります。

自分の体に「あれ？　いつもと違《ちが》う。なん

か心配」ということがあれば、それはあなたが自分の体の声をちゃんとキャッチできたということです。その違和感《いわかん》を大切にしてください。どうか、「はずかしいからいいや」とか「面倒《めんどう》くさい」とか「まわりから変に見られるかも」というような思いで自分の体の声に蓋《ふた》をしないでください。「自分の体の声を感じるなんて、なんてすごいのかしら、私」と自分を褒《ほ》めてあげてください。

産婦人科を探してみよう

インターネットで調べたり、誰《だれ》かに（またはどこかに。無料で電話相談できるところもあります）相談したりして今の自分が安心できる産婦人科を探してみましょう。

受診《じゅしん》してみようかなという産婦人科を見つけたら、少しだけ勇気を出して、病院に行ってみましょう。

病院に着いたら「はじめての受診《じゅしん》です」と受付で言えば、診察《しんさつ》方法や内容について説明してくれます。もちろん、「不安です。緊張《きんちょう》しています。怖《こわ》い感じがしています」など、自分の気持ちを伝えてかまいません。

診察《しんさつ》方法や内容についてわからない場合は「教えてほしい」「もう一度説明してほしい」と伝えて、自分でこれからどのような診察《しんさつ》が行われるのか把握《はあく》できるようにしましょう。

これらの質問については、医師だけでなく助産師や看護師も説明ができます。不安に感じたら、確認をしたり、説明を聞くとよいでしょう。診察《しんさつ》で何が行われるのかが少しでもわかると、不安や緊張《きんちょう》が軽減しますよ。そして、それは、診察《しんさつ》中の安心感につながります。

診察《しんさつ》が終わったら、その結果や治療《ちりょう》内容、

図表11 産婦人科を受診する時の確認ステップ

受診しようと思ったこと。それは「自分の体の声をキャッチした」大切なことです。受診する時のステップを確認していきましょう。

①自分が安心できる産婦人科を探してみよう。

②保険証・診察代金を準備しよう。

③不安な時はいっしょに行ってくれる人を探そう。

④どんな診察や検査が行われるのか把握しよう。わからない時は聞いてみよう。

⑤診察が終わったら、結果や治療内容、次回の受診日を確認しよう。

「自分の体を知る」ことは、これからの「自分を大切にすること」につながります。少しの勇気を出して病院に行ってみましょう。

次回の受診日《じゅしんび》を確認しましょう。

大学2年生の女性たちにどんな産婦人科なら受診《じゅしん》してもいいか質問したところ、「女医さんがいる」「優しい助産師さんや看護師さんがいる」「絶対に名前がほかの人に知られないシステムがある」「待合室が個室」「かわいい雰囲気《ふんいき》」「いろいろなアドバイスをしてくれる」という声があがりました。

産婦人科は、とてもプライベートな部分を診察《しんさつ》する領域です。だからこそ、診察《しんさつ》を受ける時にはずかしさや戸惑《とまど》いを抱《いだ》くことはあたりまえかもしれません。自分の希望に合う産婦人科を見つけられるといいですね。

「自分の体を知る」ことは、「自分の体を大切にする」ことにつながります。自分の体の声をキャッチした時は、〝少しの勇気〟を出して、受診《じゅしん》してみましょう。

性感染症のリスクとはじめての泌尿器科受診

大学1年生　タクミ君

コンドームなしのセックス

タクミ君は、18歳《さい》。ある県内の大学に通う1年生です。バスケットボールサークルに所属しています。タクミ君には、はじめての交際となる大学生の彼女《かのじょ》がいます。彼女《かのじょ》とは、休日にデートしています。

「コンドームなしのセックスはすごく気持ちがいいらしい」といううわさを友だちから聞きました。実際に「コンドームを買うのにもお金がかかるし、買いに行くのも面倒《めんどう》だなあ」と思っていたこともあり、数回つけないでセックスをしました。

最近、タクミ君は排尿時《はいにょうじ》に違和感《いわかん》があり、ときどき軽い痛みやかゆみを感じることがありました。お風呂《ふろ》で自分のペニスを鏡で見てみましたが、特に変わったところ（皮膚《ひふ》の発赤、発疹《ほっしん》など）はなく、しばらくようすを見ていました。

ある日、彼女に「そう言えば、タクミって性病とかだいじょうぶだよね?」と言われ、「え? 全然わかんない。何それ?」と答えましたが、「あれ、この軽い痛みやかゆみは、もしかしたら性感染症《せいかんせんしょう》!?」と一気に不安になりました。そこで、タクミ君は、インターネットで「性感染症《せいかんせんしょう》、症状《しょうじょう》、男性」と検索《けんさく》しました。すると、クラミジア感染症《かんせんしょう》の症状《しょうじょう》と似ていることに気がつきました。「やべー、なんで!? どうしよう!!」と焦《あせ》り、「性感染《せいかんせん》症《しょう》、男性、病院」と検索《けんさく》しました。

その結果、どうやら泌尿器《ひにょうき》科に行くと、検査と治療《ちりょう》ができることがわかりました。急いで家に帰り、高校生の時の保健の教科書を探し出し、性感染症《せいかんせんしょう》のページを開きました。そこには、「セックスの相手もいっしょに検査を受けて2人で治療《ちりょう》する必要がある」と記《き》載《さい》されていました。タクミ君は、彼女《かのじょ》はだいじょうぶなのかな? なんて切り出したらいいんだろう、親にどう言おう……と頭をかかえました。

タクミ君には、プライベートなことを相談できる人がいました。その人は、高校時代の部活の顧問《こもん》であり、彼女《かのじょ》ができたことも話していました。そこで、電話で相談してみました。「早期発見、早期治療《ちりょう》が必要。心配な時は検査に行くこと」とアドバイスをもらいました。その日の夜、まず彼女《かのじょ》に電話し、説明しました。2人で話し合い、検査に行ってみることにしました。

保健所で検査をした後に専門科を受診《じゅしん》

調べると、住んでいる県内の保健所で無料で、しかも匿名《とくめい》で検査できることがわかりました。検査日前日までに予約が必要とあり、電話してみました。担当の方から、性感染《せいかんせん》症《しょう》の検査は、血液検査と尿《にょう》検査でできると説明を受け、予約し、検査に行くことにしました。

無事に検査を終え、1週間後に結果を聞きに行きました。タクミ君は、クラミジア感染《かんせん》症《しょう》結果が陽性であったため、泌尿器科《ひにょうき》受診《じゅしん》を勧められました。彼女《かのじょ》も陽性であったため、産婦人科受診《じゅしん》を勧められました。

タクミ君は、インターネットで泌尿器科《ひにょうき》を検索《けんさく》し、保険証を持って受診《じゅしん》しました。そこで、尿《にょう》検査のほかに咽頭《いんとう》検査（オーラルセックスでは、咽頭《いんとう》にも感染するため）を受けました。その結果、クラミジア抗原《こうげん》が陽性であるという診断《しんだん》を受けました。治療《ちりょう》として、抗生《こうせい》物質を内服しました。2～3週間後に再度クラミジア病原検査（尿《にょう》検査）を行い、治っているか確認する必要があること、治癒《ちゆ》が確認できるまでの期間はセックスをしないこと、彼女《かのじょ》（パートナー）もいっしょに治療《ちりょう》する必要があること、性感染症《せいかんせんしょう》の予防には適切なコンドームの使用が大切であることの説明を受け、帰宅しました。

帰宅後、彼女《かのじょ》に連絡《れんらく》を入れ、治療《ちりょう》と確認の検査があることを伝えました。彼女《かのじょ》も産婦人科で薬を処方され、説明を受けていました。2人で、性感染症《せいかんせんしょう》や望まない妊娠《にんしん》を防ぐためにも、きちんとコンドームを使用することを確認しました。タクミ君は、部屋でコンドームの箱をじっくりと見ました。そこには、コンドームには使用期限があること（劣化《れっか》するため）、持ち歩くさいはハードケースなどに入れる必要があること（破れたりしないようにするため）、装着《そうちゃく》方法や装着《そうちゃく》のタイミングについても記載《きさい》されていました。自分の行動が、今回の結果を招いたこともあり、それを読みながら、今後は絶対に気をつけようと心に誓《ちか》いました。

タクミ君は、今回のことを通して、〝自分の体を守ることは相手の体を守ることにつながる〟ことを強く意識しました。

男性の性器トラブルは泌尿器《ひにょうき》科

男性性器に関する問題が起きた場合は、泌尿器《ひにょうき》科、肛門《こうもん》に関する場合は、肛門《こうもん》科を受診《じゅしん》しましょう。性器周囲の皮膚《ひふ》に症状《しょうじょう》がある

場合は、皮膚科《ひふ》で診《み》てもらってもよいでしょう。今回、タクミ君は、泌尿器科《ひにょうき》受診《じゅしん》までにいくつかの行動をとりました。その行動をふり返ってみましょう。

・セックスの経験があれば、誰《だれ》でも性感染症《せいかんせんしょう》になるリスクはある。

タクミ君はコンドームなしでセックスをしていました。タクミ君ははじめてのセックスの相手が彼女《かのじょ》だったので、今回は彼女《かのじょ》から感染した可能性が高いと考えられます。特に、女性は感染していても症状《しょうじょう》が出にくい特徴《とくちょう》がありますⅿ。症状《しょうじょう》がないからといって性感染症《かんせんしょう》にかかっていないとは言い切れません。なので、予防対策としてコンドームを使用することや事前に性感染症《せいかんせんしょう》の検査をすることは重要です。

・性感染症《せいかんせんしょう》の検査に行く。

タクミ君の行動で、すばらしかったことは三つあります。

ひとつ目は、「インターネットや教科書を駆使《くし》して、今後どうすればいいかを調べ、情報を得た」ことです。二つ目は、「彼女《かのじょ》（パートナー）にもきちんと伝え、話し合いの機会をもった」ことですね。そして、検査に行くことを実行できたことです。三つ目は、「今後の対策を立てている」ことです。タクミ君の行動は、自分の体を守ることになり、ひいては相手（パートナー）の体を守ることに繋《つな》がっていきます。

今回、タクミ君は、自分で調べたり、実際に受診《じゅしん》したり、多くの「行動」を起こしました。相談することも大切なことで、保護者や学校の先生、養護教諭《きょうゆ》（保健室の先生）、身近な大人に話すなども解決策のひとつです。

図表12 保健所や病院、クリニックを検索する時に役立つサイト

●HIV 検査相談マップ
https://www.hivkensa.com/
(厚生労働科学研究費補助金エイズ対策政策研究事業「HIV 検査体制の改善と効果的な受検勧奨に関する研究」ホームページ内)

●産みたい時に産むために一緒に学ぼう避妊のススメ
https://hininno-susume.jp/?cid=jfpa2015
●女性のからだの悩みと生理痛のサイト　生理のミカタ
https://www.seirino-mikata.jp/knowledge/by_age/10s/
(ともにバイエル薬品株式会社ホームページ内)

性感染症が検査できる保健所や病院、クリニックが検索できます。保健所は各都道府県にあり、検査実施日や検査できる性感染症の内容が異なります。名乗らなくても、電話で問い合わせができます。必要な時は相談や予約をしましょう。

タクミ君も、信頼《しんらい》できる人に相談できたことが、つぎの行動につながっていきました。自分のプライベートなことを相談できる人がそばにいることは、いろいろなアドバイスを貰《もら》えるきっかけになります。

性器に関する相談や悩《なや》みは、「はずかしい」と感じたり、「まわりに知られたくない」と思うこともあるでしょう。でも、「おかしいな」とか「気になるな」と思う時は、ぜひ「行動」を起こして、検査や診察《しんさつ》を受けに行きましょう。

(東京有明医療大学　家吉望み)

4章

もし心や体のSOSを感じたら

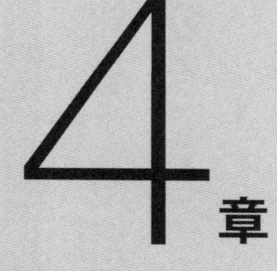

性暴力を知ることが、防ぐことへと繋がる

「性暴力とは何か」について知ろう

心や体のSOSを感じる時、それはどんな時でしょうか。デートDV、ストーカー被害《ひがい》、セクシュアル・ハラスメントという言葉がありますが、これらには「性暴力」が含《ふく》まれる場合が多くあります。性暴力は暴力の一種で、とても深刻な打撃《だげき》を人に与《あた》えます。誰《だれ》もが性暴力を防ぎたいと思っていますが、知識のないままでは防ぐことは決してできません。

4章では、「性暴力被害《ひがい》について」「もし、被害《ひがい》にあったら」「加害をしない」という項《こう》目《もく》を最初に説明していきます。まずは、「性暴力とは何か」を知ることから始めましょう。

性暴力の具体例

「本人の意に反した性的な言動」は、すべて性暴力となります。暴力とは、自分自身、他者、集団の体や心、大切な人や物を故意に攻撃《こうげき》し、支配しようとすることです。

具体的な内容としては、「体についてからかう（例―お尻《しり》が大きいなど）」「性的なうわさを流す」「着替《きが》えやトイレ、入浴をのぞく」「下着を盗《ぬす》む」「キスする」「体に触《さわ》る」「抱《だ》きつく」「強引に性器を触《さわ》る」「性器を見せる、性器に触《さわ》らせる」「無理やりセックスをする」「ポルノや性行為《せいこうい》を見せる」「性的な被写体《ひしゃたい》として撮影《さつえい》する」などです。

こうした言動で法律にふれるものは「性犯罪」と言われています。性暴力のなかに性犯罪が含《ふく》まれています。どんな暴力であれ、人間としては許されないのですが、法律がすべての状況《じょうきょう》に対応できるわけではありません。そして、単独に性的言動が起こるのではなく、殴《なぐ》る、蹴《け》るなどのさまざまな暴力といっしょに起きることも多いのです。

図表13を見てください。これらはすべて「人権」を侵害《しんがい》する行為《こうい》です。

人権とは、誰《だれ》もが安心して、自信をもって、自由に、自分で物事を決め（自己決定）、成長して生きていくことができる私たちの権利です。

「本人の意に反した性的な言動」にはさまざまな状況《じょうきょう》があります。

図表13 主な性犯罪に関する法律とその内容

分類		内容
刑法	強制性交等罪	・13歳以上の男女に対し、暴行または脅迫を用いて性交、肛門性交又は口腔性交をすること。 ・13歳未満の男女と性交等をすること（同意の有無を問わない）。また、心神喪失もしくは抗拒不能に乗じて、あるいは心神喪失もしくは抗拒不能にさせて性交等することも同様の罪となる。
	強制わいせつ罪	・13歳以上の男女に対し、暴行又は脅迫を用いてわいせつな行為をすること。 ・13歳未満の男女に対し、（同意の有無にかかわらず）わいせつな行為をすること。
児童虐待の防止等に関する法律（性的虐待）		18歳未満の子どもに対し、保護者がわいせつ行為をしたり、させたりすることは性的虐待と定められている。
ストーカー行為等の規制等に関する法律		ストーカー行為を処罰する等ストーカー行為等について必要な規制を行うとともに、その相手方に対する援助の措置等を定めることにより、個人の身体、自由及び名誉に対する危害の発生を防止する。

＊抗拒不能：身体的または心理的に抵抗することが著しく困難な状態。
＊わいせつ行為：体への接触、キス、衣服を脱がせることなどの行為。
大阪府警察本部ホームページ内「性犯罪の被害にあわないために」より

・あなたの意思を聞かれない
・あなたが望んでいるように仕向けられる
・あなたは本当はいやなのだけれども断れない、断りにくい
・あなたは脅《おど》されて、言われる通りにする
・あなたが抵抗《ていこう》しても、無理矢理にされる
・あなたが判断できない時（眠《ねむ》っている、薬物を飲まされる、など）にされる
・その時には自分の本当の気持ちがわからなくて、後になって気持ち悪くなる、後悔《こうかい》する

背景には、社会が「性」をどのようにとらえているか、社会の制度にどう組み込《こ》まれているかという個人を超《こ》えた問題も潜《ひそ》んでいます。性に優劣《ゆうれつ》があるという考えをもつことで、劣《おと》った性には差別行為《こうい》をしていいという考え

が生まれ、それによって性暴力が助長されることへと繋《つな》がります。

被《ひ》害《がい》者の内訳と加害者の実態

性暴力被害《ひがい》は、どんな年齢《ねんれい》（小さな子ども、小中学生、高校生、大学生、大人、高齢者《こうれいしゃ》まで）、性別（男性にも女性にも）にかかわらず、起こります。全体としては男性に比べて女性が圧倒的《あっとうてき》に被害《ひがい》にあっています。

２０１８年度内閣府《ないかくふ》の調査ではいちばん被害《ひがい》にあっているのは、20歳《さい》代が多いことがわかっています。小中高生、小学校入学以下の被害者《ひがいしゃ》もいます。被害者支援《ひがいしゃしえん》団体の統計では、相談に来る人の半数は未成年で、15～19歳《さい》がもっとも多くなっていました。強制性交等被《ひ》害《がい》について警察に連絡《れんらく》・相談した人は約３・８％でした。被害《ひがい》にあっても相談しない、できない人が多く、苦しんでいる人が相当数いることがわかります。

加害者は顔見知りが多いことがわかっています。このなかには配偶者《はいぐうしゃ》（夫や妻）も含《ふく》まれます。ほかに、交際相手・元交際相手、職場・アルバイト先の関係者、兄弟姉妹、職場・アルバイト先の客、親（父母）、養親・継親《ままおや》または親の交際相手、親戚《しんせき》、ＳＮＳなどで知り合った人、地域活動や習い事の関係者、生活していた（いる）施設《しせつ》の関係者（職員、先輩《せんぱい》、仲間）などです。見知らぬ人、不審者《ふしんしゃ》ももちろんいますが、割合としては少ないのです。

性犯罪の加害者は再犯性が高いこと、つまり何度も加害行為《こうい》を行うことが知られています。また、加害者は「おとなしそうに見えた」「警察に届けることはないと思った」「一人で歩いていた」などを理由に相手を犯行前に選び、「目撃《もくげき》されにくい場所」などを選んで犯行を行っていたことが犯人への聞き取り調査でわかっています。

発生場所と時間は、民間団体の調査では、屋外が約13％で、つぎに相手の家、自宅、車中の順で多く、いろいろな場所で性犯罪が起きています。時間帯は夜が多いのですが、おしなべてどの時間帯でも起きています。

デートDV

デートＤＶ（ドメスティック・バイオレンス）とは、恋愛や交際関係における支配関係をさし、相手を思い通りにコントロールする暴力です。くわしくは１４４ページから始まる「彼氏彼女《かれしかのじょ》が怖《こわ》い、それはデートＤＶかも？」を読んでください。

大人だけでなく中高生にも高い頻度《ひんど》で起きています。つきあっている相手の安全、安心、自己決定、自信、自由、成長を奪《うば》うことになります。エスカレートすると、被害者《ひがいしゃ》の心と体、生活に深刻なダメージを及《およ》ぼします。また、被害者《ひがいしゃ》の身近な人たち（家族や友人、親《しん》戚《せき》、同僚《どうりょう》等々）が巻き込《こ》まれることも多々あります。最悪の場合、殺人事件に至るケースもあります。

被害者《ひがいしゃ》は女性（女子）が多く、従って加害者は男性（男子）の割合が多いです。加害者の動機を犯罪心理学者の越智啓太《おちけいた》さんは二つに分けて説明しています。

ひとつは**パワー型**。さまざまな暴力を使い、交際相手に自分の力を見せつけ屈服《くっぷく》させようとします。「男は女よりも偉《えら》い」「男は女にちょっとぐらい乱暴に接するべきである」という思い込《こ》みをもち、そのようにふるまいます。言い換《か》えると男女にかかわらず「私（僕《ぼく》、俺《おれ》）は君（あなた、おまえ）よりも偉《えら》い、乱暴に扱《あつか》ってもいい」と思い、行動したり、されていたらＤＶ関係にあると言えます。また、自分のストレスを交際相手に対して発散しようとします。まわりからはおとなしい、いい人と見られていることがよくあります。

もうひとつは、**コントロール型**。自分が相手から見放されるのではないか、バカにされるのではないかという恐怖感《きょうふかん》や不安定感から相手の行動を支配し、監視《かんし》しようとします。第一印象は悪くなく、交際初期にはいい人に見えることがあります。また、安定した人間関係を築くのが苦手なため、過度な依存《いぞん》と支配が交差するタイプです。交際初期から不安定なところが見受けられますが、それが魅力的《みりょくてき》に見えて深みにはまることもあります（『恋愛の科学』越智啓太　実務教育出版《じつむきょういくしゅっぱん》）。

ストーカー被害《ひがい》

ストーカー（stalker）とは、「獲物《えもの》（敵など）に忍《しの》び寄る、そっと後をつける」かのように人につきまとい行為《こうい》（ストーキング）をする人のことを言います。つきまとい行為《こうい》とは、特定の人をつけ狙《ねら》い、私的な生活に踏《ふ》み込《こ》み、安全を脅《おびや》かす行為《こうい》です。しばしば、標的にされた被害者《ひがいしゃ》だけでなく、デートＤＶのように被害者《ひがいしゃ》の身近な人たち（家族や友人、親戚《しんせき》、同僚《どうりょう》等々）も巻き込《こ》まれることがあります。深刻なストーカー被害《ひがい》が殺人事件にまでも発展し、被害者《ひがいしゃ》の会の働きかけや社会の動きにより、２０００年にストーカー規制法（ストーカー行為《こうい》等の規制に関する法律）が成立しました。その後も痛ましい事件が発生するたびに見直され、２０１６年12月に2度目の改正が行われています。

ストーキング被害者《ひがいしゃ》の会により被害《ひがい》実態調査が報告されています。１９９７年5月～２０００年４月までの被害者《ひがいしゃ》のアンケート結果によれば（回答者１１８名）、被害《ひがい》の91％が女性、30代がもっとも多く、つぎに20代、40代と続きます。10代は約１％を占《し》めていました。加害者を見ると、知人型が53％、ＤＶ型が31％、いやがらせ型が10％でした。この傾《けい》向《こう》は続いていています。デートＤＶにおけるストーカー被害《ひがい》は、10代、20代の若い年齢《ねんれい》層に多く、特徴《とくちょう》としては危険性がエスカレートしやすいことです。その他、一方的に好意をもつた相手からの暴力事件もあります。

セクシュアル・ハラスメント

略して、セクハラという言葉で使われることが多くなっています。学校や職場での性的ないやがらせも含《ふく》まれます。男女雇用《こよう》機会均等法では定義されています*が、学校でもセクハラは生じています。性的な言葉やふるまいによって学習条件や環境《かんきょう》を悪化させたり、学習しにくいものにしたりすることをさします。

言葉によるものや写真などを見せる、体に触《さわ》る、さらには強制性交等を含《ふく》む性暴力をともなうものまでさまざまな形態がありますが、どれも仕事や学習に深刻な影響《えいきょう》を与《あた》えます。

学校でのハラスメントの対象は、生徒から生徒、教職員から生徒、教職員同士、生徒から教職員に対するものがあります。異性同士のみならず同性同士にも生じています。

セクシュアル・ハラスメントは、対価型と環境《かんきょう》型の二つに分けられます。

対価型とは、地位利用型ともいわれ、仕事上(あるいは立場上)の権限や地位を利用して労働や学習条件の変更《へんこう》をひきかえに性的な要求を行うものです。

環境《かんきょう》型とは、条件の変更《へんこう》や各種の不利益は必ずしもともないませんが、性的な言動がくり返されることによって、円滑《えんかつ》に働きにくかったり、学習しにくくなったりするもので

＊職場において、労働者の意に反する性的な言動が行われ、それに対し拒否したり抵抗したりすることによって解雇、降格、減給などの不利益を受けることや、性的な言動が行われることで職場の環境が不快なものとなったため、労働者の能力の発揮に重大な悪影響が生じること。

す。

実態調査の例をみてみましょう。千葉《ちば》県教育委員会の調査によると、県内公立学校（小中高校、特別支援《しえん》学校）の児童・生徒と教職員を対象（児童・生徒47万３１６１人、教職員１万１５２２人）に２０１７年度の校内でのセクシュアル・ハラスメント（セクハラ）の実態を調査した結果、児童・生徒３０８人、教職員98人が「セクハラを受けた」と答えたと公表しています。

受けたセクハラの内容は「性的な話や冗談《じょうだん》を言われた」「みんなの前で容姿を話題にされた」のほか、「男のくせに、女のくせになどと言われた」との回答が目立ちます。具体的には「話している時に近すぎたり、手を触《さわ》られたりして不快」「授業中に性的な単語を言わされた」「先生が生徒の下着の話をする」などがあがりました（２０１９年6月7日千葉日報《ちばにっぽう》より）。調査にあがってこない被害《ひがい》の可能性も指摘《してき》されています。

性暴力被害《ひがい》が引き起こす傷

性暴力被害《ひがい》は、心的外傷（トラウマ）を引き起こす可能性が非常に高いことがわかっています（図表14）。トラウマとは、自分では予測ができないほどのできごとにあうことによって、それまで自分がもっていた対処方法ではとても対応しきれないような傷が、長い期間心や身体に反応として出てしまうことをいいます。トラウマになるできごとの特徴《とくちょう》としては、「予測ができない」「自分でコントロールできない」「非常に残虐《ざんぎゃく》なもの、グロテスクなもの」「暴力的なもの」です。性暴力にあうというできごとは、これらに相当することが多いのです。

また、深刻なトラウマをかかえた人の半数前後に「心的外傷後ストレス障害（ＰＴＳＤ）」が起きやすいことがわかっています。そのため、思い出したくなくても事件の記《き》憶《おく》を思い出してしまうという「再体験」、再体験を避《さ》けようとして事件を忘れたり、感情が麻痺《まひ》したりする「回避《かいひ》」、絶えず緊張《きんちょう》や警戒心《けいかいしん》が高まり眠《ねむ》れないなどの「過覚醒《かかくせい》」が続いたりします。自殺企図《きと》、うつ病を発症《はっしょう》する人もいます。

このように性暴力被害《ひがい》は、心身、生活に深刻な影響《えいきょう》を与《あた》えます。

（茨城県立医療大学　加納尚美）

図表14 性暴力被害の影響

身体

外傷やけがの痛み、妊娠、性感染症、性交痛、頭痛や腹痛、発疹、 動悸、だるさ、過呼吸、風邪をひきやすい、などの問題。

心

恐怖感、不安、絶望感、自責感、無力感、憂うつ、混乱、怒り、感情麻痺、感覚麻痺、解離（辛すぎる体験を前にすると、体験している自分自身から感情を切り離したりすること）などの問題。

生活

悪夢、寝つけない・寝すぎるなどの睡眠の問題、食欲不振・過食などの食事の問題、人への不信感、大切なもの、自分のそれまでの時間や純粋さ・誇りを失ったという喪失感などにより、社会生活（学校生活、仕事を含む）が維持できない問題などの問題。

性暴力被害を避けるために

もし被害にあったら、そして、加害を避けるには

性について知ることは力になる

性暴力被害《ひがい》を避《さ》けるには、どうしたらいいでしょうか?

先に紹介《しょうかい》したように、加害者は大きく二つに分けられます。ひとつ目は、知っている人。もうひとつは見知らぬ人です。

知っている人とは、きょうだい、親子、親戚《しんせき》、彼《かれ》氏《し》彼女《かのじょ》(交際相手)、学校や塾《じゅく》、バイト先の人などです。顔見知りといえども、自分が被害者《ひがいしゃ》になることを知っておく必要があります。犯罪の発生には至っていないけれど、見知らぬ人からの被害《ひがい》を防ぎたい時は警察に相談してください。付録3にも掲載《けいさい》しますが、SOSの出し方を知っておきましょう。

また、性教育を積極的に受けましょう。「性暴力被害《ひがい》とは何か」を知ることがスタート

です。性暴力被害《ひがい》予防に特化した教育や研修のチャンスを生かしましょう。地域では、「子どもへの暴力防止プログラム（Child Assault Prevention）」や「デートＤＶ予防教育」などが開催《かいさい》されているところもあります。ぜひ参加してみましょう。中高生のみなさんは、保護者にも参加を呼びかけてみてください。学校や公共の図書館には性教育の本が置いてあります。この本の中でも関連情報が紹介《しょうかい》されています。保健体育の先生や養護教諭にも聞いてみてください。

性について知ること、自分の心と体の仕組みや変化を知ることは、あなた自身の力になります。その上でそれらが傷つけられるとはどういうことなのかを考えてみてください。

自分の価値観や固定観念をチェックする

デートＤＶやストーカー被害《ひがい》を避《さ》けるには、あなたが抱《いだ》いている恋愛観や男女（同性）関係はどのようなものかと見つめてみてください。図表15を参考にするとよいでしょう。

人はどんなに信頼《しんらい》し、愛し合っていても「一人で生まれ、一人で生きて、一人で死んでいく」存在です。あなたの人生をほかの誰《だれ》かに代わってもらうことはできません。その逆もできません。恋愛のみならず友情、家族や親戚《しんせき》、先生などとの関係においても基本はかけがえのないあなた個人があっての人間関係です。

図表15 自分の価値感チェック

1．実は危険な、「ふつうの恋愛観」
・恋人がいるのが幸せ
・愛しあっていれば、隠し事はいけない。相手のことをなんでも知っているべき
・愛が深ければ一生を誓い合い、簡単に別れない
・恋人を第一に優先し、尽くすべき

2．「ちょうどいい」人間関係をきずくために
・相手は相手、自分は自分。一心同体にならない
・相手とのあいだにある「課題」は、どちらのものか見極める
・自己決定権は常に自分がもつ
・自分の「安全・自信・自由・成長」を脅かす人とは距離をおく
・みんなが信じ込んでいる「こうであれば幸せ」という世間の価値観から自由になる

出典：伊田広行『シングル単位思考法でわかる　デートDV予防学』かもがわ出版

あなた自身の「安全・自信・自由・成長」が脅《おびや》かされることを避《さ》けることが、被害《ひがい》を避《さ》けることにつながります。しかし、恋愛モードに陥《おちい》った時にはこれらに気がつかないこともあります。

まずは自分を大切にしてください。そして同じように相手を大切にしましょう。どんなに相手のことを好きになっても、相手は別人格です。あなたの思い通りにはならないし、なる必要もありません。もし、図表15の1にあるようなことにとらわれているようでしたら要注意です。自分がよかれと思ったことでも、相手は違《ちが》うかもしれません。相手の意思をしっかり聞く、その時に無理やりだったり強制だったりがないかをチェックします。自分で判断が難しいと感じた場合は、第三者の意見を聞きましょう。また、あなた自身もしばしば経験しているように、人は昨日はいいと言っても、一日経って感じ方や意見が変わることもあります。

少しでも心配な時には信頼《しんらい》できる人に相談しましょう（付録3も参照）。

犯罪から身を守る！ 防衛の重要性

誰《だれ》もが性暴力被害《ひがい》を予防したいと思っています。どのような手立てがあるでしょうか？
第一に、「あなた」はとても大切なかけがえのない存在であることを自覚することです。
第二に、性暴力とは何かを知ることです。大切なかけがえのない存在である「あなたの心と体、生活」が、ほかの人（家族や友人、先生、知っている人、知らない人すべてを含《ふく》みます）から傷つけられてはいけないのです。

このことは、あなた個人としてだけでなく、家庭、学校、職場、地域社会および日本社会全体の中でも理解される必要があります。性暴力が起こらない安全で安心できる生活の場をつくっていくために、具体的に考えてみましょう。サイバー空間、公的空間における性暴力被害《ひがい》を防ぐためには151ページからも参考にしてください。

性犯罪被害《ひがい》を含《ふく》む犯罪被害《ひがい》の防止のためには、犯罪が起きない状況《じょうきょう》をつくることが重要です。多くの自治体でも行われていますが、個人としてできることはなんでしょうか？防犯ブザーや、鍵《かぎ》の強化、情報収集、護身術などがこれに当たります。一人ひとりが意識を高めることが防犯につながります。

つぎに、犯罪者の力が及《およ》ばない範囲《はんい》をはっきりさせることです。公園のフェンスやパトロール、防犯の看板などがこれに当たります。さらに、犯罪者の行動を見張り、犯罪対象をも守るための防衛です。人目の届かないところはガラス張りにして見えやすくする、照明をつける、あいさつ運動を行うなどがこれに当たります。これを通じて人びとが協力して高めることができ、そのために地域安全マップづくり、性暴力を防止するためのコミュニティー活動が重要となります。

個人ができることはごく一部です。加害者は身近な人であることが多く、犯罪が多様な場で起こっていることを考えると、家庭や学校、地域社会の中で、くり返し「性暴力はNO！」というメッセージを出し続けていく、相談窓口をつくる、相談をしやすくするなどがとても重要です。

もし、安心、安全が脅《おびや》かされることを少しでも感じたら、「相談にのって」「ＳＯＳ」「助けて！」と言える人がいるか、逃《に》げられる場所があるか、探してみましょう！

これまでも、そしてこれからもたくさんの人たちにあなたは出会っていくでしょう。もし、今おつきあいしている人とうまくいかなくても、だいじょうぶです。自分のほうから離《はな》れることも必要かもしれません。現在の人間関係により、成長したあなたは、別な魅《み》力《りょく》をもった人に出会うでしょうし、何よりも成長した自分自身と出会えます。

知っておいてほしい「加害を避《さ》ける」こと

性暴力の加害者の中には、自分は悪いことをしているという自覚のない人がいます。何が性暴力にあたるのかを十分に理解できていないことが原因です。本書の「性暴力」の項目を今一度読んでみてください。また、「相手を大切にする」「相手の気持ちになる」という価値観の欠落に気付いていないことがあります。暴力をふるった原因は相手にあるとすり替え、次第に自分の行為を肯定していき、暴力は加速していきます。でも、どんな理由をつけても、暴力はふるう側に100％責任があります。この事実は動きません。

もし、あなたが性暴力の加害者となりそうだったら、これまでの人生の中で何か性に関連した傷をもつ人なのかもしれません。同じように、暴力的な行動をとる人がいたら、その人は過去、性についてなんらかの傷を負っているのかもしれません。傷ついた経験がまったくないという人は、おそらくいないでしょう。そんな、自身の傷を自覚すること自体、とても苦しいものです。付録で紹介《しょうかい》した相談機関は、そうした悩みにも対応してくれます。傷を自覚したら、今からでも遅《おそ》いということはありません。傷に向き合い、ケアしていきましょう。その一歩が、加害を避《さ》けることへとつながります。

（茨城県立医療大学　加納尚美）

彼氏彼女が怖い、それはデートDVかも？

関係が対等でなくなり、暴力で相手の心と体を傷つけてしまう

デートDVって何？

デートDVという言葉を聞いたことがありますか？　おつきあいしている相手との関係で、怖《こわ》いな、悲しいな、辛《つら》いな、きゅうくつだなと感じたことはありませんか？　もし、そんな気持ちを感じていたら、あなたはデートDVを受けている可能性があります。

DVとは「ドメスティック・バイオレンス」の略です。恋人同士のあいだで起こるDVを「デートDV」と言います。関係が対等でなくなり、どちらかが暴力をふるい、相手の心や体を傷つけてしまいます。

では、暴力ってどんなことでしょうか？　まず思い浮《う》かべるのは、殴《なぐ》る、蹴《け》るなどの体への暴力かもしれません。でも、それだけではありません。無視をする、大声で怒鳴《どな》ると

いった、あなたが辛《つら》いな、怖《こわ》いな、いやだなと思うことは、すべて暴力です。図表16は、体や心への暴力の例です。

どのくらいの人がデートＤＶを受けているのでしょうか？　国の調査では、女性の約５人に１人、男性の約９人に１人が、つきあっている人からデートＤＶをされたことがあるという結果が出ています（２０１８年度内閣府の調査）。たとえば、40人のクラスだったら、約８人の女子や４～５人の男子がデートＤＶを受ける可能性があるということです。なので、あなたのまわりの人もデートＤＶを受けているかもしれません。

だからこそ、デートＤＶの知識をちゃんと身につけておくことが大切です。そうすると、あなた自身を守れるだけでなく、あなたの大切な友だちもデートＤＶから守ることができるかもしれません。では、なぜデートＤＶは起きるのでしょうか？

原因は？

デートＤＶが起こる原因としてつぎの三つが考えられています。

1. 暴力について軽く考える意識

・相手が悪かったら、多少の暴力は許される
・愛情があるなら暴力を使って相手を束縛《そくばく》するのはしかたがない

図表16 暴力の種類

暴力の種類	具体的な内容
体への暴力	なぐる、ける、かみつく、突き飛ばす、相手に向かってものを投げつける、平手でたたく、押さえつける、体をつかんでゆする等の体に対する暴力
言葉での暴力 精神的暴力	無視する、大声でどなる、相手を見下した言葉（バカ、ブス、デブなど）を言う、「そんなことも知らないの？」などと決めつける、すぐ不機嫌になる、なんでも一人で勝手に決める、「自殺する」と言っておどす等の恐怖を感じるような言葉や態度
性的な暴力	いやがっているのに性行為を無理じいする、性行為に応じないと不機嫌になる、避妊をしない等の性的な暴力
束縛・支配的な行動	相手の携帯電話を勝手にチェックしたり、登録されているアドレスを消したりする、LINE（ライン）やメールをすぐに返さないと怒る、携帯電話やメールで行動を常に報告させる、友だちとの関係を制限する、お金をねだる、借りたお金を返さない等、束縛や他の人とのつきあいを制限する等の言葉や態度

といった考えをもつ人がいます。その考えが、安易にＤＶをすることに繋《つな》がっています。

2. 女らしさ・男らしさの思い込《こ》み

・女子は、おしとやかなほうがよい、家事が得意なほうがよい

・男子は、泣いてはいけない、頼《たの》もしい振《ふ》る舞《ま》いがよい

といった考えをもつ人がいます。男らしさを勘《かん》違《ちが》いして、力を見せつけるために暴力をふるうというケースがあります。女子はおしとやかなほうがよいという思い込《こ》みから、暴力を受け入れてしまい、デートＤＶにつながるケースもあります。

3. 家の中で力による支配を学んでしまっている

家の中でお父さんがお母さんに暴力をふるっているところを、子どもが見て大きくなったとします。そうすると、その子どもは暴力で人を自分の

思い通りにしてもいいという間違《まちが》った思い込《こ》みをしてしまうことがあります。

では、ＤＶをする人の考え方の特徴《とくちょう》を見ていきましょう。

ＤＶをする人の考え方の特徴《とくちょう》

暴力をふるうのは、こんな考えをもった人です。

・つきあったら相手は自分の〝モノ〟だと思う
・相手を自分より下に見ている
・暴力はたいしたことではない、と思っている
・相手を思い通りにするには暴力が効果がある、と思っている

では、被害者《ひがいしゃ》になりやすいタイプというものは、あるのでしょうか？　実は、どんな人でも被害者《ひがいしゃ》になりうるのです。暴力はふるうほうに原因があり、ふるわれるほうには原因はありません。誰《だれ》でも被害《ひがい》を受ける可能性があります。

「暴力を受けているんだったら早く別れたらいいのに」っ

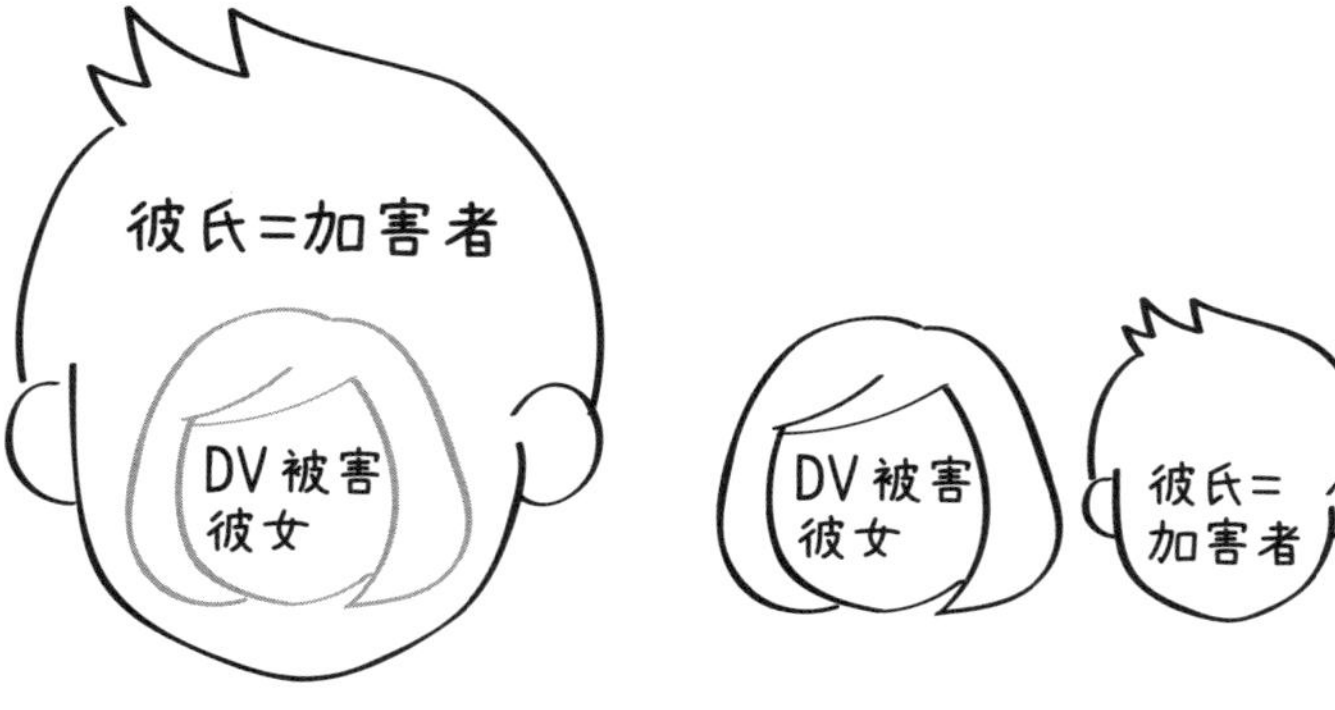

（DV被害者が彼女、加害者が彼氏の場合が多いですが、被害者が彼氏、加害者が彼女の場合もあります）

て思いますよね。なぜ、別れないのでしょう？

加害者は、

・殴《なぐ》る、蹴《け》るなど、辛《つら》い、怖《こわ》い、といったネガティブな感情にさせる行為《こうい》

・謝ったりプレゼントを用意したりといったポジティブな感情にさせる行為《こうい》

を被害者《ひがいしゃ》に対して交互《こうご》に行います。被害者《ひがいしゃ》の気持ちの振《ふ》り幅《はば》を大きくすることで、加害者は被害者《ひがいしゃ》を洗脳状態へもっていきます。そういう状態になることで、別れにくくなってしまうのです。

どう対策したらいいの？

あなたはＤＶをしていませんか？　もしくは受けていませんか？　図表17のチェックリストで見てみましょう。チェックした後「ＤＶをしているかも」、「ＤＶを受けているかも」と感じたらどうしたらいいのでしょうか？　その対策を見ていきましょう。

もしあなたがデートＤＶを受けていたら

暴力はふるうほうに責任があります。あなたのせいではありません。交際は、どちらかが終えたいと望めば別れていいのです。

もし、ＤＶが怖《こわ》くて別れることが難しいのであれば、周囲に助けを求めてください。具

体的には、信頼《しんらい》できる大人やお友だちに相談すること、もしくは、相談できる機関（付録3参照）に連絡しましょう。DVから一人で逃《に》げることは簡単ではありません。周囲に協力を求めることははずかしいことではないのです。

もしあなたがデートDVをしていたら

恋人はあなたの〝モノ〟ではありません。嫉妬《しっと》を理由に束縛《そくばく》や暴力をしてはいけません。相手を思い通りにしても、おたがい幸せにはなれません。暴力以外の解決策もあるので、信頼《しんらい》できる大人か相談機関に相談してください。

もし友だちがデートDVを受けていたら

お友だちの話をじっくり聞いてあげてください。そして、お友だちのために何をしたらいいか考えましょう。そのためにすることは、周囲の信頼《しんらい》できる大人への相談かもしれませんし、付録にある相談先の情報を教えてあげることかもしれません。あなたの知識やひと言が、誰《だれ》かを助けるきっかけになることがありますよ。

図表17 デートDVについてのチェックリスト

あなたはデートDVをしていない?	デートDV被害の具体的な内容
□ 相手が自分の意見に従わないと腹が立つ	□ 何度も携帯電話に電話してきたり、あなたがどこで誰と会っているかすごく気にする
□ 相手がどんな人と話しているかすごく気になって、イライラする	□ ケンカした時に、あなたのせいだと言う
□ 腹が立つと相手の目の前で物をたたいたり、大きな声を出したりする	□ とても優しかったり、怖かったり態度にむらがある
□ 相手が自分のことを好きなら、いやなことでも言うことを聞くべきだと思っている	□「好きならいいだろう」と、あなたがいやなことをさせようとする

デートDVは、身近にあります。DV被害《ひがい》がひどくなると健康の問題や心の問題が起こります。回復には、かなりの労力を使います。
そうした問題未然に防ぐためにも、デートDVの知識をしっかりもちましょう。知識をもち、自覚する姿勢が、あなたやまわりの友だちの人生をより良いものにさせることとなるかもしれません。

（静岡《しずおか》県立大学　藤田景子《ふじたけいこ》）

インターネットにあふれる「性暴力」とその危険性

インターネットに流れた情報は生涯、生き続ける

セクシュアルライツ（性的人格権）

性とは、漢字で「心を生きる」と書きます。だから、性が犯され、侵害《しんがい》されると心も同時に、とても傷つきます。性は、すべての人、一人ひとりに備わっている大切な「命の萌《ほう》芽《が》」「生命誕生《たんじょう》の源」の場所です。人間の生命は、親から子へと受け継《つ》がれていきますが、性はまさしく、その役割を果たします。人が人を愛することを「性愛」と言います。性愛によって、愛し合うよろこび、生きる楽しさ、安心感、思いやりの気持ち、自信、希望が生み出されます。「性交」は、人間を愛し生命を尊ぶ行為《こうい》で、「性器」は誰《だれ》もが大切にするべきものです。すべての人は、自分の身体を侵害《しんがい》されない権利、性行動を選択《せんたく》する権利、性に関する健康を享受《きょうじゅ》する権利があります。このことを「セクシュアルライツ」（性的人

格権）といいます。性とは「人間の尊厳」そのものなのです。

「性暴力」とは

性暴力とは、本人の望まないすべての性的な意味合いをもった行為《こうい》で、「セクシュアルライツ」（性的人格権）への侵害《しんがい》を言います。だから、性暴力は犯罪です。決して許してはいけないものです。しかし、性暴力は決して「めったにないこと」ではなく、多くの人が経験しています。あなたの身近な人が経験しているかもしれないし、これからあるかもしれません。性暴力には、性的暴行、強制わいせつ、性的虐待《ぎゃくたい》といった、主に性器への身体的暴力があります。プライベートゾーン（水着を着て隠《かく》れる場所。25ページ参照）、他人に見せたり触《さわ》らせたりしてはいけない体の部位、自分だけの大切なものへの暴力です。また、言葉による性的嫌《いや》がらせや、望まない性的な情報（画像や書籍《しょせき》）を見せたり、あるいは一方的に裸《はだか》や性器を露出《ろしゅつ》して見せることも、性暴力です。

インターネットにあふれる「性暴力」の危険性

インターネット上の出会い系サイト、ＳＮＳ（ソーシャル・ネットワーキング・サービス）、ゲームサイトなどには、危険なポルノ（性行為《せいこうい》の描写《びょうしゃ》を売り物にした読み物・絵

図表18 インターネット上の性暴力

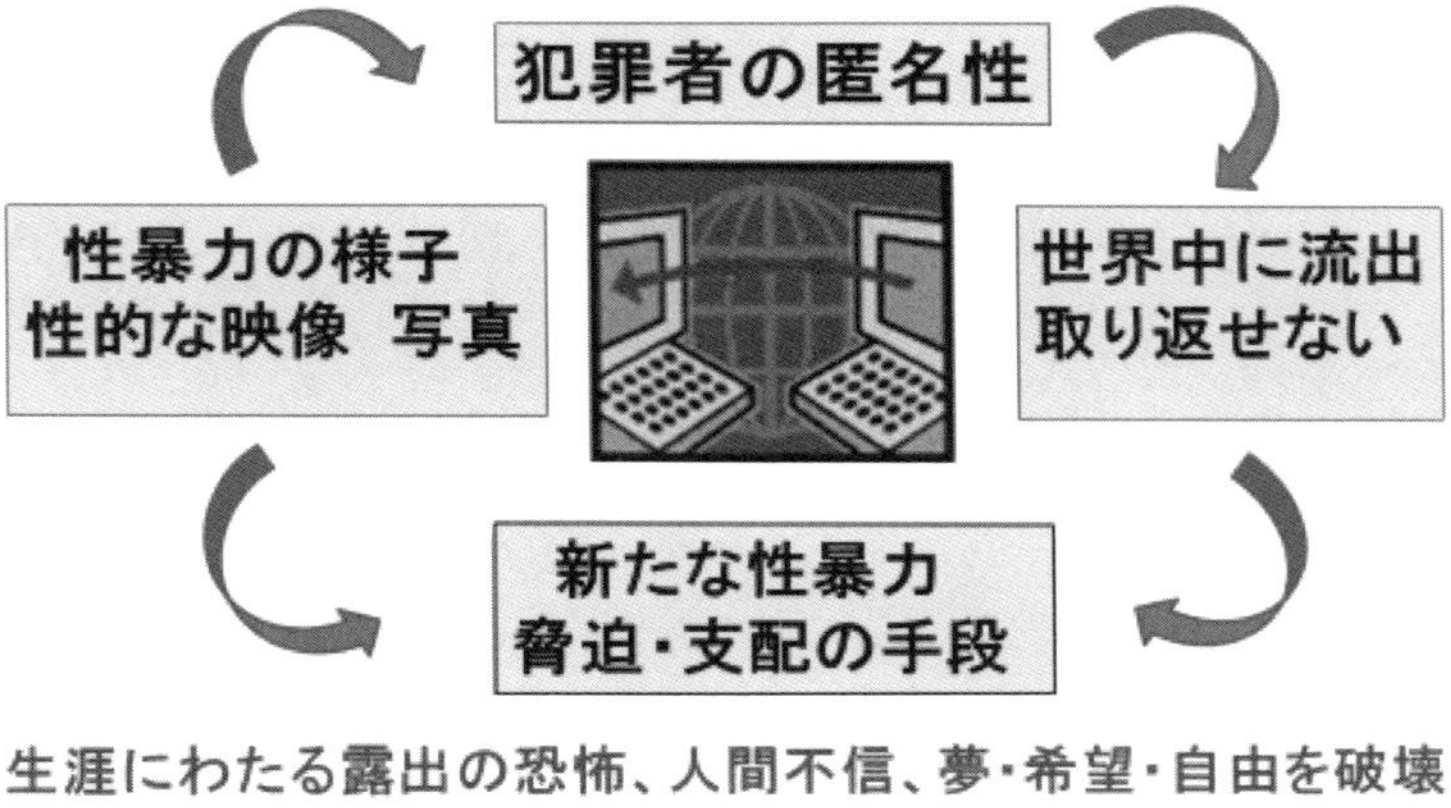

画・写真・映画など、暴力的な性描写《せいびょうしゃ》）情報が氾濫《はんらん》しています。ポルノを売り物にするアダルトビデオ（AV）では、性的暴行、強制わいせつ、性的虐待《ぎゃくたい》が売り物にされています。ポルノの作成過程において、人間は、まるでモノや玩具《がんぐ》のように扱《あつか》われ、不自然な性行為《せいこうい》が行われ、露骨《ろこつ》な性的暴力を受けています。これらは、決して、おたがいを大切にする「性愛」ではありません、模倣《もほう》してはいけないものです。

　もうひとつ、必ず知っておかなければならないのは、インターネットを使った性犯罪です。スマートフォンの出会い系アプリで知り合った子どもにアルバイト代を支払うなどと勧誘《かんゆう》しホテルでわいせつな行為《こうい》をして、そのようすを撮影《さつえい》して販売《はんばい》・ネットで公開した事件や、コミュニティーサイトで少女になりすまして、安心させた上で、女児に自分の裸《はだか》の写真をメールで送信させ、ネットで公開した事件などが頻繁《ひんぱん》に起きています。このような、「自画撮り被害《じがどりひがい》」（だまされたり、おどかされたりして児童が自分の裸体《らたい》を撮影《さつえい》させられた上、メール等で送らされる形態の被害《ひがい》）が、急増していて、多くの子どもが被害にあっています。

私的な性的画像と個人情報がインターネット上で、いったん、発信されてしまうと、世界中で、半永久的に生き続け、消すことはほとんどできません。その被害者《ひがいしゃ》は、生涯《しょうがい》にわたる露出《ろしゅつ》の恐怖《きょうふ》と人間不信に苦しみ続けます。

どうして、多くの子どもたちが、このようなインターネットを介《かい》した犯罪に巻き込《こ》まれてしまうのでしょうか。自分を認めてほしいという願望、淋《さび》しさ、大人社会への憧《あこが》れなどがあるかもしれません。「自画撮《じがど》り」している最中には、楽しくて、うれしくなり、いったん、自分の性的画像が社会に拡散してしまうと、どれほど大きな問題が生じるのか、実感できないのかもしれません。決して、自分の性的画像を他人に送らないこと、撮影《さつえい》させないこと。性犯罪に巻き込《こ》まれないための知識を身につけ、もし、性犯罪の被害《ひがい》にあったら、信頼《しんらい》できる大人に相談して、すぐに行動がとれるよう備えておきましょう。

（長崎《ながさき》県立大学大学院　李《り》　節子《せつこ》）

許されない性的虐待

性的虐待は人権をふみにじる行為

子どもへの虐待《ぎゃくたい》

性とは、人権に直接繋《つな》がっているということを本書では伝えています。しかし、性に関する行動が、時には性暴力といって人権を侵害《しんがい》する行為《こうい》になることがあります。なかでも、子どもへの性的な暴力は、「児童虐待《ぎゃくたい》」のうちの「性的虐待《ぎゃくたい》」ととらえられます。

児童虐待《ぎゃくたい》とは、子どもを監護《かんご》する立場にある大人（主に親や保護者）が、子どもに不適切な態度や行動をとることです。日本の法律では、「身体的虐待《ぎゃくたい》」「性的虐待《ぎゃくたい》」「心理的虐待《ぎゃくたい》」「ネグレクト（養育拒否《きょひ》）」の四つが児童虐待《ぎゃくたい》として児童虐待防止法*に定義されています。これにより、親が「しつけの一環《いっかん》である」と言ったとしても、虐待《ぎゃくたい》だと思われる行為《こうい》を見たり聞いたりした人は、児童相談所（保健センターや警察でも可能です）など

＊児童虐待防止法　「児童虐待の防止等に関する法律」のこと。2000年11月施行。児童虐待を定義するとともに、18歳未満の子どもへの虐待の防止、その対処方法（警察などに援助を求められることや虐待をしている人への指導等）が明記されている。

の機関に通告する義務（知らせるということ。匿名《とくめい》でもできます）があることが明記されました。１回目の改正では、同居人など保護者以外の人からの虐待《ぎゃくたい》や子どもの目の前でDVが行われることも、虐待《ぎゃくたい》に含《ふく》まれるようになりました。

この法律ができる以前、日本では子どもを殴《なぐ》ったり蹴《け》ったりすることは、しつけのひとつとして認識されていたこともあり、社会ではあまり問題になっていませんでした。行きすぎたしつけにより、ひどく傷つけられ生命さえも危うくなる子どもがいることがわかってくると、虐待《ぎゃくたい》という暴力として問題視されるようになりました。１９９４年には「児童の権利に関する条約」（図表19参照）が日本でも認められたことも背景にあります。一般にいわれる「子どもの権利条約」です。

しかし、子どもの権利についてあまり認識が進んでいないこともあり、「まだ子どもだから」「わからないはずだから」と何をしてもいいと考えている大人もいます。それは、大人の勝手な思い込《こ》みなのです。子どもの権利条約にも書かれている通り、子どもは、健やかに育ち生きる権利があり、そして、暴力や搾取《さくしゅ》から守られる権利があります。もし、お友だちや知っている子が虐待を受けていることを見たり聞いたりした時には、信頼《しんらい》できる大人に伝えてください。

性的虐待《ぎゃくたい》とは、男の子・女の子にかかわらず、子どもへの性的行為《こうい》、性的行為《こうい》を見せ

図表19 児童の権利に関する条約（子どもの権利条約）の要旨

・1989年に国連で採択され、翌年国際条約として発効。
18歳未満の子どもの基本的な権利について、つぎの四つをあげています。

生きる権利
治せる病気などで命をうばわれないこと、病気やけがの時には適切な治療を受けられること。

育つ権利
教育を受けること、自由に遊んだりできること、自分らしく育つことができること。

守られる権利
虐待や搾取、有害な労働から守られること。

参加する権利
自由に意見を表せること、グループや団体をつくることができること。
（くわしくは、ユニセフなどのホームページに掲載されている解説を読んでください）

る、性器を触《さわ》るまたは触《さわ》らせる、ポルノグラフィーの被写体《ひしゃたい》（写真や動画の対象として裸《はだか》や性的行為《こうい》をすること）にすることなどが例としてあげられます。プライベートゾーンはもちろんのこと、手や足も含《ふく》めて体に何も言わずに勝手にふれてくる行為《こうい》も、性的虐待《ぎゃくたい》ととらえることができます。子どもを守るべき大人が子どもに対して、このような行為《こうい》をすること自体、許されることではないのです。

あなたは悪くない

この本を読んでいる人のなかには、まだ何もわからない子どものころに体を触《さわ》られるなどの性的虐待《ぎゃくたい》をされた経験のある人が、いるかもしれません。思春期を迎《むか》えた今は、その行為《こうい》がどのような意味があるのかを知ってしまい、辛《つら》い思いをしている人もいるのではないでしょうか？　そのような体験をした人に伝えます。

あなたは悪くありません。

あなたの人権を踏《ふ》みにじり、独りよがりなことをする人が悪いのです。

ですから、あなたは自分が悪かったからとか、自分さえがまんすればいいからなど、自分を卑下《ひげ》するようなことは絶対にしないでください。辛《つら》い気持ちをかかえているならば、専門の相談先がありますので、連絡《れんらく》を取りましょう（付録3参照）。自分から連絡《れんらく》を取りにくければ、学校の保健室の先生や信頼《しんらい》できる大人に相談をして、そういった専門機関に繋《つな》いでもらう方法もあります。自分一人で辛《つら》さをかかえないでください。特に男子の場合は、「男らしくないこと」と感じて相談をすることもためらわれると思いますが、ぜひ勇気をもって相談することを考えてください。

性という、人間の命にもかかわる大切なことを踏《ふ》みにじったり踏《ふ》みにじられたりすることのない社会となるよう願っています。

（東京学芸大学　鈴木琴子）

大切なあなたへ～警察からのメッセージ

いやだなと思ったら、信頼できる大人や警察に相談を！

あなたと同じ年齢《ねんれい》の子も性被害《せいひがい》にあっている

警察というと「悪いことをした人を捕《つか》まえるところ」というイメージかもしれませんが、事故や犯罪を予防したり、困っている人を助ける仕事もしています。「犯罪なんて自分とは関係ない」と思っているあなた、実は性的な犯罪については、あなたと同じ年齢《ねんれい》の人たちも被害《ひがい》にあっています。

性被害《せいひがい》には、望まない性行為を強いられる「レイプ」だけでなく、胸やおしりなどのプライベートゾーンを本人の同意なく触《さわ》られたり見られたりする「ちかん」「のぞき」「盗撮」なども含まれます。被害《ひがい》にあうのは女子だけではありません。男子もちかんの被害《ひがい》にあうことがありますし、「いじめ」の中でズボンを下げられる、自慰行為《じいこうい》をさせられるなども性被害《せいひがい》です。SNSでつながった人に裸《はだか》*の写真を送るなどさせられることも性被害《せいひがい》です。ネット上のやり取りだけでは、相手の本性はわかりません。

性被害《せいひがい》は、被害者《ひがいしゃ》の心も体も傷つけます。夜眠れなくなったり、学校や職場に行くのが難しくなるなど、日常生活に支障が出ることもあります。中には問題行動に走ってしまう子もいます。他人を傷つけたり違法《いほう》な薬物に手を染めてしまって少年院に入った人のうち、男子の2割、女子の6割は性被害《せいひがい》経験があったという調査結果もあります。性被害《せいひがい》は、その人の自尊心（ありのままの自分を尊重して受け入れる心）を傷つけるのです。

性被害《せいひがい》にあうと、「自分が悪かった」という気持ちになることもありますし、周囲の人が被害《ひがい》にあった人に「落ち度があったから被害《ひがい》にあった」などと批判することがあります。でも、その考え方は違《ちが》います。悪いのは加害者であって被害者《ひがいしゃ》ではありません。たとえば被害《ひがい》にあった時、「夜道を一人で歩いていた」「鍵《かぎ》をかけ忘れていた」「自分から相手に会いに行った」「信頼《しんらい》している人だったから逆らえず、言われたとおりに従ってしまった」などということがあったとしても、だからといって、加害者の行為《こうい》が正当化されるわけではありません。本当はしたいと思わなかった性的な行為《こうい》を無理強いされたのであれば、性《せい》被害《ひがい》の責任は被害者《ひがいしゃ》ではなく加害者にあるのです。

＊スマホやゲーム機で送ってしまった画像を取り戻すことは、とても難しいです。裸や下着姿の写真は送らないでください。送ってしまって困っている人は、犯罪に巻きこまれている可能性があるので、すぐに警察に相談してください。

自分のもつ権利を守り相手の権利も尊重する

　これから先、被害者《ひがいしゃ》にも加害者にもならないために、自分たちがもっている権利を正しく理解してそれを守ることと、他人の権利を尊重することが大切です。誰《だれ》に、どんなふうに自分の体を見せたり、ふれさせたりするかを自分の意思で決められる権利のことを「性的自己決定権（性に関することを自分で決める権利）」といいます。これはあなたがもっている大切な権利です。お金や贈《おく》り物をもらう代わりに差し出したり、誰《だれ》かに嫌《きら》われたくないからといってあきらめてもいい権利ではありません。

　それから、相手の性的自己決定権は尊重しなければなりません。この先の人生で自分が好きだと思う人と性的な関係をもてたとしても、一度ＯＫをもらったからといって常にＯＫということではありません。性的なことをしたいか、したくないか、気持ちはそのときどきで変わります。ですから好きな人と性的なことをしたいと思ったら、その都度、相手の本心を確認することが大切です（沈黙《ちんもく》もＯＫの意味ではありませんよ）。

　逆に、もしいやだなと思う触《さわ》られ方をしたら、「やめて」と言って相手から離《はな》れましょう。無理矢理しようとする人がいたら、保護者でも保健室の先生でも、信頼《しんらい》できる大人や警察に相談してください。万が一*被害《ひがい》にあった時は、警察がサポートします。希望に応じ

＊性被害にあった時は、証拠を残すためにシャワーやお風呂に入らずに、なるべく早く110番してください。

て女性の警察官がお話を聴《き》きますし、病院と連携《れんけい》して治療《ちりょう》費を出せる制度もあります。裁判になってもプライバシーは守られます。困った時は警察を頼《たよ》ってくださいね。家族や親戚《しんせき》など身近な人から被害にあっている場合もぜひ警察に相談してください。児童相談所と連携《れんけい》してあなたを守ります。

あなたやあなたのお友だちの心と体を守るために、NO[*]（イヤと言う）、GO（逃げる）、TELL（相談する）をお友だちにも広めてください。そして、自分や相手の性と命を大切にできるすてきな大人になってくださいね。

（警察庁《けいさつちょう》　小笠原和美《おがさわらかずみ》）

＊Child Assault Prevention（CAP／キャップ）というプログラムでは、子どもにとって特別に大切な三つの権利「安心・自信・自由」について伝えてくれますし、ロールプレイで心と体の守り方を学ぶことができます。CAPセンター・JAPANまたはJ-CAPTAが展開しています。

おたがいを信頼し合える関係

あなたの人生をより輝かしいものにするために

幸せに生きていくための三つの願い

ここまで本を読んでみて、どうでしたか?

地球が誕生《たんじょう》してから46億年、生命が誕生《たんじょう》してから三十数億年たち、その命が紡《つむ》がれて今のあなたが存在しています。その中で、どこかひとつでも命のバトンを渡《わた》し間違《まちが》えていたら、今、あなたはここにいなかったかもしれません。

今、あなたがここにいるということは、偶然《ぐうぜん》ではありません。あなたは、とても大切な存在なんです。人は誰《だれ》でも生まれながらにして幸せに生きていく権利をもっています。

これらの権利を、最大限に輝かせて生きていきたいですよね。そのために、三つのお願いがあります。ひとつずつ、じっくりと読んでみてください。

1．自分の心を大切にする

三つのなかでいちばん重要なのは、自分の心を大事にするということです。あなたの中から湧《わ》き起こる感情に蓋《ふた》をしないでください。自分の感情とちゃんと向き合ってください。あなたがほんとうに大事にしたいことを尊重してください。あなたが苦しいな、辛《つら》いなと思う気持ちを覆《おお》い隠《かく》さないでください。あなたが楽しいな、うれしいなと思う気持ちを優先してあげてください。

あなたの気持ちや意思を尊重できるのは、あなただけです。

2．自分の体（性）を大切にする

あなたの命、体を大事に扱《あつか》う必要があるのです。決して自分の体だからといって雑に扱《あつか》ったり、相手に雑に扱《あつか》わせるようなことはあってはなりません。誰《だれ》かに殴《なぐ》られてもいい、痛いことをされてもいい、望まない性行為《せいこうい》をがまんすればいい、そんなはずはありません。あなたの意思が、何よりも優先されるべきなのです。

3．相手を大切にする

ちょっと考えてみてください。つぎにあげる関係から、あなたはどれを望みますか？

①おたがいに尊重し合う関係
②おたがいに依存《いぞん》し合う関係

③相手を支配する関係
④相手に支配される関係

どうでしょうか？　おそらくほとんどの人が①を選んだのではないかと思います。

あなたに自分を大事にする権利があるように、相手にも自分を大事にする権利があります。自分や相手の権利を意識してみましょう。おたがいの違《ちが》いは、違《ちが》いとしてあっていいですよね。自分も相手も大切にできる関係が理想的だと思いませんか？

みんなに幸せになる権利があるのです。おたがいを大切にし合える関係を築いていってください。

あなたが輝くことでまわりも元気になる

幸せになる権利は、誰《だれ》にも邪魔《じゃま》はできません。

あなたが、あなたらしい人生を送り、心も体も元気でいることが、結果的に周囲の人も元気にさせることに繋《つな》がります。何よりも、あなた自身も本心ではそれを望んでいるはずです。そのためにも自分の心も体も大事にして生活をしていきましょう。

（静岡県立大学　藤田景子）

付録1　妊娠の相談窓口

全国妊娠 SOS ネットワーク「全国のにんしん SOS 相談窓口」
http://zenninnet-sos.org/contact-list
日本家族計画協会
https://www.jfpa.or.jp/
日本産婦人科医会
http://www.jaog.or.jp/
日本助産師会
http://www.midwife.or.jp/index.html

付録2　民間養子縁組機関

（全国妊娠SOSネットワークより。2016年度までに、第二種社会福祉事業の届け出のある法人。民間団体は第二種社会福祉事業の届け出順に記載）

埼玉県	医療法人きずな会（さめじまボンディングクリニック）
熊本県	医療法人社団愛育会　福田病院
山口県	医療法人社団諍友会　田中病院
滋賀県	医療法人青葉会　神野レディスクリニック
北海道	医療法人社団弘和会　森産科婦人科病院
札幌市	医療法人明日葉会　札幌マタニティ・ウィメンズホスピタル
東京都	社会福祉法人　日本国際社会事業団（ISSJ）
兵庫県	公益社団法人　家庭養護促進協会［神戸事務所］
大阪府	公益社団法人　家庭養護促進協会［大阪事務所］
東京都	特定非営利活動法人　環の会
東京都	一般社団法人　ベビーライフ
茨城県	NPO法人　Babyぽけっと
東京都	一般社団法人　ベアホープ
東京都	一般社団法人　アクロスジャパン
和歌山県	NPO法人　ストークサポート
東京都	認定NPO法人　フローレンス

付録3　心や体のSOSを感じた時に相談できる人・場所

●身近な人に相談する

＜家族、親戚、友人、友人の家族、学校や塾の先生、近所の人など＞

「心配させたらどうしよう」と思わずに相談しましょう。「一人に相談してみたけれども、わかってもらえなかった、信じてもらえなかった」時はあきらめずに、ほかの人を探しましょう！

●支援団体・機関に相談する

＜性犯罪・性暴力被害者に関する相談＞

「行政が関与する性犯罪・性暴力被害者のためのワンストップ支援センター」が全国に47カ所あります。性犯罪・性暴力に関する相談窓口となり、産婦人科医療やカウンセリング、法律相談などの専門機関とも連携しています。多くが24時間365日で対応する電話相談を設置しています。www.gender.go.jp/policy/no_violence/seibouryoku/consult.html

東京都性犯罪・性暴力被害者ワンストップ支援センター「性暴力救援ダイヤル NaNa」（民間支援団体SARC 東京）**電話03-5607-0799**

性暴力救援センター日赤なごや　なごみ　**電話052-835-0753**

性暴力救援センター・大阪 SACHICO　**電話072-330-0799**　ほか

＜子ども虐待（18歳未満）に関する相談＞

虐待かもと思った時などに、すぐに児童相談所に通告・相談ができる全国共通の電話番号があります。近くの児童相談所につながり、通告・相談は匿名で行うこともでき、通告・相談をした人やその内容に関する秘密は守られます。

児童相談所全国共通ダイヤル　**189**

＜DVやデートDVに関する相談＞

配偶者からの暴力に悩んでいることを、どこに相談すればよいかわからないという人のために、相談機関を案内するDV相談ナビサービスがあります。発信地等の情報から最寄りの相談機関の窓口に電話が自動転送され、直接相談できます。夫・パートナーからの暴力、職場でのいじめやセクシュアル・ハラスメント、ストーカーなどどんなことでも相談してください。女性の人権問題にくわしい法務局職員または人権擁護委員が対応します。受付時間は平日の午前8時30分から午後5時15分です。

全国共通の電話番号　**0570-0-55210**

女性の人権ホットライン全国共通電話番号　**0570-070-810**

●警察に相談する

犯罪や事故の発生には至ってないけれど、ストーカーやDV・悪質商法など警察に相談したいことがある時には、以下に相談してください。全国どこからでも、電話をかけた地域を管轄する警察本部などの相談窓口につながります。また、専門の相談員が対応する場合や専門の担当部署を紹介するなどし、各都道府県警察本部で対応が異なります。受付時間は平日の午前8時30分～午後5時15分です。土日・祝日や時間外は、24時間受付体制の一部の県警を除き、当直または音声案内で対応します。https://www.gov-online.go.jp/useful/article/201309/3.html

警察相談専用電話 **#9110**（携帯電話も利用可）

おわりに

なるにはＢＯＯＫＳシリーズの中では一風変わったこの本『大人になる前に知る 性のこと』は、３人の子育て真っ最中の編集者とのお喋《しゃべ》りからアイディアが生まれ、誕生《たんじょう》しました。２０１７年出版の『助産師になるには』ができあがる直前くらいだったでしょうか。

性のことは、思春期以降、人として生きていく上でとても大切なのに、肝心《かんじん》のことを丁度よく教えてくれる本がありません。職業のことを学ぶことも大切ですが、大人になるために性を学ぶことも、とても大事です。これは誰《だれ》にも共通しています。「そんな本があったらいいのにね」と伝えた私のひと言を編集者が取り上げてくれて、長年、性教育を続けている鈴木琴子さんをはじめとして多くの執筆者の協力があり、なんと実現できたのですから、出会いとお喋《しゃべ》りは大切ですね。

大人になる中で、人を深く好きになる苦さ、辛《つら》さ、そして喜び。それらを通じて、人生はいっそう豊かになります。自分や誰《だれ》かの存在理由を深く考えたり、人と出会いながら、命はどこからきたのかを真剣に想ったり。そんな日々を積み重ねながら、すてきな大人になってくださいね。

加納尚美

［編著者紹介］

加納尚美（かのう なおみ）

茨城県立医療大学保健医療学部看護学科教授。博士（学術）。日本助産学会理事、フォレンジック看護学会理事長。編著書に『助産師になるには』『大人になる前に知る 命のこと』（ぺりかん社）、共著書に『フォレンジック看護――性暴力被害者支援の基本から実践まで』（医歯薬出版）がある。

鈴木琴子（すずき ことこ）

東京学芸大学教育学部講師。大学での講義のかたわら、小・中・高校などで、思春期に起こる体の変化、セックスや避妊などをわかりやすく解説する「命の授業」を多数行っている。執筆書に『助産師になるには』『大人になる前に知る 命のこと』（ぺりかん社）がある。

大人《おとな》になる前《まえ》に知《し》る 性《せい》のこと
他人を尊重し、自分を大切にする

2019年12月10日　初版第1刷発行

編著者　加納尚美　鈴木琴子
発行者　廣嶋武人
発行所　株式会社ぺりかん社
〒113-0033　東京都文京区本郷1-28-36
TEL 03-3814-8515（営業）
03-3814-8732（編集）
http://www.perikansha.co.jp/
印刷所　株式会社太平印刷社
製本所　鶴亀製本株式会社

ISBN978-4-8315-1553-7　Printed in Japan

仕事の実際から
なり方まで解説

なるにはBOOKS

B6判／並製カバー装
平均160頁

68 獣医師になるには

井上こみち（ノンフィクション作家）著

❶人と動物の未来を見つめて
❷獣医師の世界［獣医師とは、獣医師の始まり、活躍分野、待遇、収入］
❸なるにはコース［適性と心構え、獣医大学ってどんなところ？、獣医師国家試験、就職と開業］

☆☆☆

90 動物看護師になるには

井上こみち（ノンフィクション作家）著

❶ペットの命を見つめ健康をささえる
❷動物看護師の世界［動物看護師とは、動物看護師の仕事、生活と収入、動物看護師のこれから］
❸なるにはコース［適性と心構え、養成学校で学ぶこと、資格、就職］

☆☆☆

91 ドッグトレーナー・犬の訓練士になるには

井上こみち（ノンフィクション作家）著

❶犬の能力をひきだすスペシャリスト！
❷ドッグトレーナー・犬の訓練士の世界［訓練士の仕事の基本、訓練士とともに活躍する犬たち、生活と収入他］
❸なるにはコース［心構え、なるための道、養成学校、就職するために］

☆☆☆

92 動物園飼育員・水族館飼育員になるには

高岡昌江（いきものライター）著

❶いきものの命を預かる現場
❷動物園飼育員の世界［現場と日常の仕事、生活と収入、なるにはコース他］
❸水族館飼育員の世界［現場と日常の仕事、生活と収入、なるにはコース他］

☆☆☆

151 バイオ技術者・研究者になるには

堀川晃菜（サイエンスライター）著

❶生物の力を引き出すバイオ技術者たち
❷バイオ技術者・研究者の世界［バイオ研究の歴史、バイオテクノロジーの今昔、研究開発の仕事、生活と収入他］
❸なるにはコース［適性と心構え、学部・大学院での生活、就職の実際他］

☆☆☆

12 医師になるには

小川明（医療・科学ジャーナリスト）著

❶医療の現場から
❷医師の世界［医師とは、医療の歴史、医師の仕事、将来像、生活と収入］
❸なるにはコース［適性と心構え、医学部入試、医師国家試験、就職の実際］／医学系大学一覧

☆

13 看護師になるには

川嶋みどり（日本赤十字看護大学客員教授）監修
佐々木幾美・吉田みつ子・西田朋子著

❶患者をケアする
❷看護師の世界［看護師の仕事、歴史、働く場、生活と収入、仕事の将来他］
❸なるにはコース［看護学校での生活、就職の実際］／国家試験の概要］

☆

147 助産師になるには

加納尚美（茨城県立医療大学教授）著

❶命の誕生に立ち会うよろこび！
❷助産師の世界［助産師とは、働く場所と仕事内容、連携するほかの仕事、生活と収入、将来性他］
❸なるにはコース［適性と心構え、助産師教育機関、国家資格試験、採用と就職他］

★★★

105 保健師・養護教諭になるには

山崎京子（元茨城キリスト教大学教授）監修
鈴木るり子・標美奈子・堀篭ちづ子編著

❶人びとの健康と生活を守りたい
❷保健師の世界［保健師とは？、仕事と職場、収入・将来性、なるにはコース］
❸養護教諭の世界［養護教諭とは？、仕事と職場、収入・将来性、なるにはコース］

★★★

34 管理栄養士・栄養士になるには

藤原眞昭（群羊社代表取締役）著

❶“食”の現場で活躍する
❷管理栄養士・栄養士の世界［活躍する仕事場、生活と収入、将来性他］
❸なるにはコース［適性と心構え、資格をとるには、養成施設の選び方、就職の実際他］／養成施設一覧

☆

☆☆☆…1600円　★★★…1500円　☆☆…1300円　★★…1270円　☆…1200円　★…1170円（税別価格）

110 学芸員になるには
横山佐紀（中央大学准教授）著
❶モノと知の専門家
❷学芸員の世界［博物館とはなんだろう、博物館の種類、学芸員とは、仕事と職場、さまざまな専門性、生活と収入他］
❸なるにはコース［適性と心構え、資格の取得方法、就職の実際他］
★★★

16 保育士になるには
金子恵美（日本社会事業大学教授）編著
❶子どもたちの成長に感動する日々！
❷保育士の世界［保育士の仕事、保育の歴史、保育士の働く施設と保育の場、勤務体制と収入］
❸なるにはコース［適性と心構え、資格取得について、採用について］
☆

61 社会福祉士・精神保健福祉士になるには
田中英樹（早稲田大学教授）・
菱沼幹男（日本社会事業大学准教授）著
❶支援の手をさしのべて
❷社会福祉士の世界［現場と仕事、生活と収入・将来性、なるにはコース］
❸精神保健福祉士の世界［現場と仕事、生活と収入・将来性、なるにはコース］
☆

29 小学校教師になるには
森川輝紀（福山市立大学教育学部教授）著
❶子どもとともに
❷小学校教師の世界［教師の歴史、小学校の組織とそこで働く人びと、給与他］
❸なるにはコース［心構え、資格をとるために、教壇に立つには、小学校教師のこれから他］
☆

100 介護福祉士になるには
渡辺裕美（東洋大学教授）編著
❶超高齢社会へ向けて
❷介護福祉士の世界［社会福祉とは、介護福祉士の誕生から現在まで、活躍する現場と仕事、生活と収入、将来性他］
❸なるにはコース［適性と心構え、介護福祉士への道のり、就職の実際他］
☆

89 中学校・高校教師になるには
森川輝紀（福山市立大学教育学部教授）編著
❶生徒とともに学び続ける
❷中学校・高校教師の世界［中学校教師の職場と仕事、高校教師の１年間の仕事、実技系教師、給与他］
❸なるにはコース［心構え、資格を取るには、教壇に立つには］
☆

129 ケアマネジャーになるには
稲葉敬子（介護ジャーナリスト）・
伊藤優子（龍谷大学短期大学部准教授）著
❶福祉職のコンダクターとして
❷ケアマネジャーの世界［ケアマネジャーの仕事、生活と収入、将来性他］
❸なるにはコース［適性と心構え、試験について、研修の内容］
★

27 学術研究者になるには(人文・社会科学系)(改訂版)
小川秀樹（岡山大学教授）著
❶第一線で活躍する研究者たち
❷学術研究者の世界［学術研究者とは、人文・社会科学系の学問とは、研究所の実際、研究者の生活他］
❸なるにはコース［適性と心構え、就職の実際他］／他
☆

138 社会起業家になるには
籏智優子（フリーライター）著
❶社会問題の解決に向けて
❷社会起業家の世界［社会起業家とは？、世界の社会起業家たち、活躍する分野、生活と収入、将来性］
❸なるにはコース［適性と心構え／養成施設／起業するには］
☆

19 司書になるには
森智彦（東海大学専任准教授）著
❶本と人をつなぐ仕事
❷司書の世界［図書館とは何か、司書・司書教諭・学校司書の仕事、図書館と司書の未来、生活と収入］
❸なるにはコース［適性と心構え、資格の取得方法、就職の実際他］
★★★

補巻 19　魚市場で働く

鑓田浩章（エディトリアルディレクター）著

❶「卸売市場」について学ぼう
❷魚市場で働く人びとと役割分担［卸売業者、仲卸業者、売買参加者、買出人］
❸魚市場を支えるプロフェッショナルたち［食品衛生検査所の食品衛生監視員、冷蔵倉庫業者、せり人、グローバル営業］

★★★

補巻 20　宇宙・天文で働く

本田隆行（科学コミュニケーター）著

❶宇宙・天文にかかわる仕事について
❷宇宙をめざす仕事［ロケット技術者、人工衛星技術者、なるにはコース他］
❸宇宙を調べる仕事
❹宇宙・天文を伝える仕事
❺宇宙・天文を使う仕事

★★★

補巻 21　医薬品業界で働く

池田亜希子（サイエンスプロデューサー）著

❶医薬品業界を知ろう！
❷創薬研究者、医薬品開発者、医薬情報担当者（ＭＲ）、薬事担当者
❸安全性管理担当者、審査調整官、病院薬剤師
❹なるにはコース［資格と取得方法他］

★★★

補巻 22　スポーツで働く

谷 隆一（ライター・編集者）・藤江亮介著

❶スポーツにかかわる仕事を知ろう
❷プレーしながら働く［実業団選手、公務員選手、なるにはコース他］
❸競技を支える仕事［プロチームスタッフ、トレーナー、なるにはコース他］

★★★

補巻 23　証券・保険業界で働く

生島典子（ライター・編集者）著

❶証券・保険にかかわる仕事について知ろう
❷証券会社の仕事［エコノミスト、ディーラー、ネット証券］
❸運用会社の仕事［ファンドマネージャー］
❹保険会社の仕事［営業、商品設計、他］
❺なるにはコース［適正と心構え他］

★★★

補巻 14　子どもと働く

木村明子（フリーライター）著

❶子どもをとりまく世界と仕事
❷誕生、成長に寄り添う人たち［小児科医、保育士、小学校教師、学童保育指導員］
❸育っていく環境を支える人たち［司書、クラウン、育児用品の企画開発他］／子どもにかかわる世界で働くために

☆

補巻 15　葬祭業界で働く

薄井秀夫（宗教評論家）・柿ノ木坂ケイ（葬送ライター）著

❶葬祭業界について学ぼう
❷葬儀にかかわる仕事［葬儀社スタッフ、湯灌師・納棺師、エンバーマー、生花祭壇スタッフ、葬儀司会者、僧侶］
❸葬祭関連の仕事［仏壇店、霊園、石材店］

☆

補巻 16　アウトドアで働く

須藤ナオミ（アウトドアライター）著／キャンプよろず相談所編

❶アウトドアの仕事とは
❷用具にかかわる仕事［販売員、メーカー社員］／フィールドにかかわる仕事［登山ガイド他］／メディアにかかわる仕事／安全と命にかかわる仕事他

☆

補巻 17　イベントの仕事で働く

岡星竜美（東京富士大学教授）著

❶“イベント”について学ぼう！
❷イベントの現場で活躍する仕事人［イベントプロデューサー、音響スタッフ、照明スタッフ、美術スタッフ、企画運営スタッフ、警備スタッフ、アクション俳優］
❸なるにはコース

☆

補巻 18　東南アジアで働く

横山和子（東洋学園大学大学院教授）著

❶東南アジアを知ろう
❷新たな市場を発見！［タイ：市場調査会社、香港：照明デザイン会社他］
❸社会の経済発展を支援！［カンボジア：土地開発や人材開発事業会社他］
❹東南アジアで働くために

★★★

☆☆☆…1600円　★★★…1500円　☆☆…1300円　★★…1270円　☆…1200円　★…1170円（税別価格）

別巻 学校図書館はカラフルな学びの場
松田ユリ子（学校司書・法政大学講師）著
❶エピソード　学校図書館の学びはカラフル！
❷カラフルな学びの場になるための方法［学びのヒントから考える他］
❸学校図書館と生涯にわたる学び［生徒と学校図書館、学校図書館の使命他］
★★★

別巻 今からはじめる！
就職へのレッスン
杉山由美子（フリーライター）著
❶考えてみよう　就職って何？［人はなぜ働くのか？、「雇われる力」をつける他］
❷学校でのレッスン［組織の一員として行動する、自分らしさを追求する他］／家庭でのレッスン／放課後のレッスン
☆☆

別巻 あの本の主人公と歩く
東京物語散歩 100
堀越正光（東邦中学校・高等学校教諭）著
小中高生が登場する物語散歩／大学のある風景を巡る物語散歩／歩いて楽しい23区物語散歩／東京の名所が出てくる物語散歩／名作の物語散歩／今読んでほしい物語散歩／書名索引・場所索引
☆☆☆

別巻 未来を切り拓く！
数学は「働く力」
高濱正伸（花まる学習会代表）著
❶なぜ学ぶのか？［「メシが食える大人」になろう、純粋に考える力を鍛えよう他］
❷将来を見据えよう／「見える力」を磨こう／「詰める力」を伸ばそう／勉強法を考え直す／自分の将来の決め方
☆☆

別巻 大人になる前に知る 命のこと
心と体の変化・思春期・自分らしく生きる
加納尚美（茨城県立医療大学教授）編著
❶命の授業 知ってる？自分たちの命、体、性
❷命って何？［か弱くてものすごい命他］
❸思春期の扉［大人と子どもの「境」他］
❹大人の基礎を育てるために
❺自分らしく生きる、ＬＧＢＴのこと
☆☆☆

別巻 働くための「話す・聞く」
上田晶美（キャリアコンサルタント）著
❶なぜ今コミュニケーション力なのか？
❷あいさつがすべての始まり／自分らしく話そう／聞く姿勢を大切に／積極的に聞こう／働く人に聞く、コミュニケーション力とは？
コラム［苦手な人とどうつきあう？ 他］
☆☆

別巻 大人になる前に知る 性のこと
他人を尊重し、自分を大切にする
鈴木琴子・加納尚美編著
❶性って何だろう 性についてきちんと知ろう
❷性とライフステージ
❸性の悩み・不安［知っておこう、性感染症 他］
❹ＳＯＳを感じたら［性犯罪とは／彼氏彼女が怖い、それはデートDVかも？ 他］
☆☆☆

別巻 中高生からの選挙入門
谷 隆一（ライター・編集者）著
❶投票はどうやるの？　選ぶときの判断基準は？
❷今、どんなことが、政治的課題になっているの？
❸そもそも民主主義・政治とは何だろう？
❹ルポ・地方選挙の現状
★★★

別巻 学校司書と学ぶ
レポート・論文作成ガイド
東京都立高等学校学校司書会ラーニングスキルガイドプロジェクトチーム編著
序―レポート・論文を学ぶ／❶テーマを決める／❷テーマについて調べる／❸情報メモを作る／❹レポート・論文を書く／❺発表する／❻図書館を知る　＊Ａ５判
☆☆☆

別巻 学校図書館の司書が選ぶ
小中高生におすすめの本 300
東京・学校図書館スタンプラリー実行委員会 編著
すてきな本との出会いのために／このブックガイドの使い方／０で始まる本 総記／１哲学／２歴史／３社会科学／４自然科学／５技術・工学／６産業／７芸術・美術／８言語／９文学／書名索引
★★★

【なるにはBOOKS】

税別価格 1170円～1600円

1——パイロット
2——客室乗務員
3——ファッションデザイナー
4——冒険家
5——美容師・理容師
6——アナウンサー
7——マンガ家
8——船長・機関長
9——映画監督
10——通訳者・通訳ガイド
11——グラフィックデザイナー
12——医師
13——看護師
14——料理人
15——俳優
16——保育士
17——ジャーナリスト
18——エンジニア
19——司書
20——国家公務員
21——弁護士
22——工芸家
23——外交官
24——コンピュータ技術者
25——自動車整備士
26——鉄道員
27——学術研究者(人文・社会科学系)
28——公認会計士
29——小学校教師
30——音楽家
31——フォトグラファー
32——建築技術者
33——作家
34——管理栄養士・栄養士
35——販売員・ファッションアドバイザー
36——政治家
37——環境スペシャリスト
38——印刷技術者
39——美術家
40——弁理士
41——編集者
42——陶芸家
43——秘書
44——商社マン
45——漁師
46——農業者
47——歯科衛生士・歯科技工士
48——警察官
49——伝統芸能家
50——鍼灸師・マッサージ師
51——青年海外協力隊員
52——広告マン
53——声優
54——スタイリスト
55——不動産鑑定士・宅地建物取引主任者
56——幼稚園教諭
57——ツアーコンダクター
58——薬剤師
59——インテリアコーディネーター
60——スポーツインストラクター
61——社会福祉士・精神保健福祉士
62——中小企業診断士
63——社会保険労務士
64——旅行業務取扱管理者
65——地方公務員
66——特別支援学校教師
67——理学療法士
68——獣医師
69——インダストリアルデザイナー
70——グリーンコーディネーター
71——映像技術者
72——棋士
73——自然保護レンジャー
74——力士
75——宗教家
76——CGクリエータ
77——サイエンティスト
78——イベントプロデューサー
79——パン屋さん
80——翻訳家
81——臨床心理士
82——モデル
83——国際公務員
84——日本語教師
85——落語家
86——歯科医師
87——ホテルマン
88——消防官
89——中学校・高校教師
90——動物看護師
91——ドッグトレーナー・犬の訓練士
92——動物園飼育員・水族館飼育員
93——フードコーディネーター
94——シナリオライター・放送作家
95——ソムリエ・バーテンダー
96——お笑いタレント
97——作業療法士
98——通関士
99——杜氏
100——介護福祉士
101——ゲームクリエータ
102——マルチメディアクリエータ
103——ウェブクリエータ
104——花屋さん
105——保健師・養護教諭
106——税理士
107——司法書士
108——行政書士
109——宇宙飛行士
110——学芸員
111——アニメクリエータ
112——臨床検査技師
113——言語聴覚士
114——自衛官
115——ダンサー
116——ジョッキー・調教師
117——プロゴルファー
118——カフェオーナー・カフェスタッフ・バリスタ
119——イラストレーター
120——プロサッカー選手
121——海上保安官
122——競輪選手
123——建築家
124——おもちゃクリエータ
125——音響技術者
126——ロボット技術者
127——ブライダルコーディネーター
128——ミュージシャン
129——ケアマネジャー
130——検察官
131——レーシングドライバー
132——裁判官
133——プロ野球選手
134——パティシエ
135——ライター
136——トリマー
137——ネイリスト
138——社会起業家
139——絵本作家
140——銀行員
141——警備員・セキュリティスタッフ
142——観光ガイド
143——理系学術研究者
144——気象予報士・予報官
145——ビルメンテナンススタッフ
146——義肢装具士
147——助産師
148——グランドスタッフ
149——診療放射線技師
150——視能訓練士
151——バイオ技術者・研究者
152——救急救命士
153——臨床工学技士
154——講談師・浪曲師
補巻14 子どもと働く
補巻15 葬祭業界で働く
補巻16 アウトドアで働く
補巻17 イベントの仕事で働く
補巻18 東南アジアで働く
補巻19 魚市場で働く
補巻20 宇宙・天文で働く
補巻21 医薬品業界で働く
補巻22 スポーツで働く
補巻23 証券・保険業界で働く
別巻 中高生からの選挙入門
別巻 小中高生におすすめの本300
別巻 学校図書館はカラフルな学びの場
別巻 東京物語散歩100
別巻 大人になる前に知る 命のこと
別巻 大人になる前に知る 性のこと
別巻 学校司書と学ぶレポート・論文作成ガイド
学部調べ 看護学部・保健医療学部
学部調べ 理学部・理工学部
学部調べ 社会学部・観光学部
学部調べ 文学部
学部調べ 工学部
学部調べ 法学部
学部調べ 教育学部
学部調べ 医学部
学部調べ 経営学部・商学部
学部調べ 獣医学部
学部調べ 栄養学部
学部調べ 外国語学部

※一部品切・改訂中です。　2019.11.